# 铁路基础设施与环境监测系统专用 WSN 资源管理优化

马小平　贾利民　著

U0331721

机械工业出版社

随着铁路建设的快速发展，运营里程的不断增加，铁路系统的安全可靠性影响着整个社会经济发展。为了应对新时期铁路运行环境与基础设施监测面临的需求与挑战，进一步提升铁路行车安全保障能力，铁路基础设施及运行环境监测系统作为保障铁路系统安全运营最有效的方案之一应运而生。本书以铁路基础设施及运行环境监测需求为基础，提出基于边云机制的铁路监测系统架构，并在此基础上建立WSN子网协议优化、WSN骨干网协议优化、WSN时延优化和WSN带宽优化模型与方法。

本书可作为负责铁路监测系统搭建、监测网络设计、建设及运营等相关人员的参考书。

## 图书在版编目（CIP）数据

铁路基础设施与环境监测系统专用 WSN 资源管理优化/马小平，贾利民著. —北京：机械工业出版社，2022.2
ISBN 978-7-111-69874-6

Ⅰ.①铁… Ⅱ.①马… ②贾… Ⅲ.①无线电通信-传感器-应用-铁路运输-基础设施-设备管理 Ⅳ.①U2-39

中国版本图书馆 CIP 数据核字（2021）第 260162 号

机械工业出版社（北京市百万庄大街 22 号 邮政编码 100037）
策划编辑：李小平　　　　　责任编辑：李小平
责任校对：张 征 李 婷　封面设计：鞠 杨
责任印制：邸 敏
北京盛通商印快线网络科技有限公司印刷
2022 年 4 月第 1 版第 1 次印刷
169mm×239mm · 10.75 印张 · 200 千字
0001—1500 册
标准书号：ISBN 978-7-111-69874-6
定价：79.00 元

电话服务　　　　　　　　网络服务
客服电话：010-88361066　机　工　官　网：www.cmpbook.com
　　　　　010-88379833　机　工　官　博：weibo.com/cmp1952
　　　　　010-68326294　金　书　网：www.golden-book.com
封底无防伪标均为盗版　　机工教育服务网：www.cmpedu.com

# 前　言

　　铁路作为当今最重要的公共运输方式之一，安全始终是铁路发展的生命线。铁路系统运行安全不仅影响着企业本身的生产效率和经济效益，也会对社会和经济发展带来重大影响。铁路系统运行安全是铁路设备、基础设施及其运行环境多要素综合作用的结果，实现对铁路系统各要素运行状态的可靠监测是铁路行业安全发展的热点研究问题。

　　铁路是复杂巨系统，任何设施、设备发生故障或运行环境发生改变都可能危及铁路的运行安全。面向基础设施状态、运行环境等监测系统的搭建及专用WSN资源管理优化，对持续可信感知系统运行状态、辨识系统运行态势、保障铁路安全运行具有重要意义。

　　本书是由国家自然科学基金项目"基于云边交互机制的铁路致灾机理及防灾预警理论"（61903023）、北京市自然科学基金资助项目"轨道交通状态监测无线传感网资源配置及效能优化方法研究"（4204110）、"中央高校基本科研业务费专项资金资助"（2020JBM087）和轨道交通控制与安全国家重点实验室的资助编写而成。该书主要是为负责铁路监测系统搭建、监测网络优化的建设及运营人员提供参考，同时为相关理论研究提供支撑。全书由北京交通大学马小平副教授和贾利民教授共同撰写，共包含8章，具体分工为：马小平副教授完成第3章至第7章的撰写，贾利民教授完成第1章、第2章和第8章的撰写。

　　衷心感谢国家自然基金委员会、北京市自然科学基金委员会、轨道交通控制与安全国家重点实验室的资助，以及课题组赵静、闫涵、陈熙元、王旭、吴兆田、陈菲、石梦彤、王若璇等同学的大力支持和帮助；在本书的编写过程中，参阅了大量的国内外文献，并引用了行业专家学者的部分观点和材料，在此向他们表示由衷的感谢；同时还要感谢机械工业出版社为本书顺利出版所作的工作。

　　由于作者的知识水平及研究的深度和广度有限，书中所提的部分观点、方法及理论可能会有不足之处，敬请读者给予批评和指正。

作者

**2022 年 1 月**

# 目　录

# 第1章 绪 论

铁路作为一种运力大、速度快、能耗低、安全性好、准点率高、舒适性好的运输方式，已成为世界交通运输发展的主要方向之一。我国铁路系统近年来发展迅速，从路网规模、运营里程到运输服务水平均位居世界前列。同时，我国幅员辽阔，横跨多个气候带，地质条件复杂多样，给铁路系统的安全运营带来极大的挑战。铁路基础设施及运行环境监测作为保障铁路系统安全运营最有效的方式之一，伴随着铁路网络的发展逐步发展和完善，在既有线路及新建线路的监测/检测及安全保障中持续发挥重要作用[1-4]。

## 1.1 铁路基础设施及运行环境现状

近年来，我国铁路发展迅猛，铁路网遍及全国甚至延伸至欧亚大陆。铁路系统运行的环境复杂多样，基础设施安全运行存在诸多威胁，铁路系统安全形势不容乐观。建立铁路基础设施及运行环境监测系统对保障铁路安全运营、保护人民生命财产安全、助力国家交通强国建设等方面具有重要意义。

### 1.1.1 铁路系统发展现状

我国地域辽阔、人口众多、资源分布不均，有庞大的能源、矿产等重要物资运输以及国民出行需求。铁路作为陆地上运输综合效能最高的交通方式之一，具有运力大、成本低、适应性强、安全性好等优势，在现代运输方式中占有重要地位，是我国国民经济的大动脉、关键基础设施和重大民生工程。加强现代化铁路建设，对扩大铁路运输有效供给，构建现代综合交通运输体系，建设交通强国，实现"两个一百年"奋斗目标和中华民族伟大复兴的中国梦，具有十分重要的意义[5]。

我国的铁路建设经历了一百多年的发展，历经了从无到有、从寥寥无几到四通八达、纵横交错的发展历程。2004 年，国务院批准的《中长期铁路网规划》[2]正式发布，为满足并带动国民经济和社会发展需要，对新建铁路里程、复线率和电气化率以及全国干线铁路网提出目标。规划实施后，我国铁路基础网络初步形成，区域间建成多个快速通道，城际铁路起步发展，高速铁路逐渐成网；铁路服务水平明显提升，路网覆盖面积增长迅速，旅客出行和货物运输可快速通达，基础设施和机车设备不断改造提升。截至 2015 年底，全国铁路运营里程达 12.1 万 km，客货换算周转量突破 1 万亿 t·km，其中高速铁路 1.9 万 km。2016 年修订的《中长期铁路网规划》在"四纵四横"高速铁路基础上，对已有通道进行完善并开发新的通道，提出"八纵八横"为主干的高速铁路，补充以城际铁路的高速铁路网；扩大西部地区普速铁路网，完善东部地区部分线路，缩减东西部贫富差距，为脱贫攻坚和国土改造奠定基础；建设"0 距离"综合交通枢纽，以客运站为中心，综合利用多种交通方式，便捷通达地周转旅客和货物。从最新修订的《中长期铁路网规划》中得知，到 2030 年时，我国的铁路要基本实现内外互联互通、区际多路畅通、省会高铁连通、地市快速通达、县域基本覆盖。铁路的跨越式发展极大地促进了区域间交流与经济发展，截至 2021 年底，全国铁路运营里程达 15 万 km，其中高铁 4 万 km，居世界第一位，覆盖 95% 的 100 万人口及以上的城市[6]。

目前，我国铁路系统具有运营里程长、运行速度快、运营网络规模大、运营密度高、运输能力强等特点。

**1. 运营里程长**

我国铁路建设里程增长迅速，图 1-1 为我国 2010—2021 年铁路运营里程和高速铁路运营里程的柱状图。铁路里程从 2010 年的 9.1 万 km 增长到 2021 年的15 万 km，增幅超过了 50%，成为世界上铁路运营里程第二长的国家，高速铁路运营里程由 2010 年 0.8 万 km 快速增长到 2021 年的 4 万 km，高速铁路实现了跨越式发展，跃居世界第一。

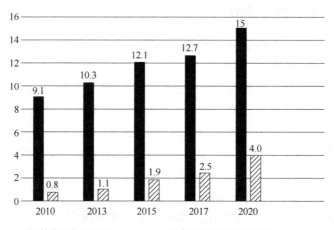

图 1-1　2010—2021 年铁路和高速铁路运营里程趋势图

随着长途直达旅客需求量的不断增长，我国铁路网络超长线路也不断出现。京九铁路全长 2315km，途径京、津、冀、鲁、豫、皖、鄂、赣、粤、港共计 10 个省区，是我国国内投资最多、一次性建成的最长双线铁路；兰新铁路，全长 2423km，大部分线路建于甘肃、新疆的荒漠戈壁，东与陇海铁路相连，西北和北疆铁路相接，构成了"欧亚大陆桥"在我国境内的通道；京广铁路，全长 2263km，途径京、冀、豫、鄂、湘、粤等六个省份，贯穿我国华北、华中和华南区域；青藏铁路全长 1956km，是世界上海拔最高、线路最长的高原铁路，加强了西藏地区与内陆地区的联系。

**2. 运行速度快**

我国普速铁路从 1997~2007 年经历了六次大提速[5]，旅客列车的时速不断提高，1993 年的旅客列车的时速仅为 48.1km，六次大提速以后，大部分旅客列车最高时速达到 120km，在京哈、京沪等既有干线实施时速 200km 的提速，部分有条件区段列车运行时速可达 250km。目前我国高速铁路以超过 300km 的时速遥遥领先于世界，其中 CRH400 复兴号在京沪高铁专线上最高速度达 350km/h，其起停平均速度超过了其他任何国家的最佳运行数据，平均领先 40km/h。

**3. 运营网络规模大**

2016 年修订的《中长期铁路网规划》指出：在 2025 年之前，"八纵八横"的高速铁路网将加密成型，西部地区普速铁路大力建设以缩小东西部差异。最新的数据表明，复线率达 59.5%，电化率达 72.8%，西部地区铁路营业里程达 5.9 万 km，全国铁路路网密度为 152.3km/（万平方 km）。我国铁路网络遍布于中国的广阔疆域内，西部和东北地区线路较为稀疏，而东部和南方地区铁路网稠密[7]。

**4. 运营密度高**

我国既有铁路干线，由于运输能力普遍都比较紧张，客货运输互争运能现象较为突出，加大旅客列车密度受到限制。客运专线，尤其是高速铁路，在满足运量需求的前提下，一般都采取"小编组，高密度"的组织方式。列车密度主要决定于最小追踪列车间隔时间，我国客运专线（高速铁路）最小追踪列车间隔时间技术设备可以达到 3min。我国普速铁路的电气化铁路天窗时间不到 2h，高速铁路天窗时间仅为 5~6h，并且均在夜晚进行检修维护。铁路基础设施其余时间都将支撑列车的高密度开行及高速运行[8]。

**5. 运输能力强**

我国铁路高速、高密度以及每日长时间的运营带来了运输能力的飞速提高，适应了人民出行和货物输送量的日益增长需求。受新冠疫情影响，2020 年的铁路运输数据不具备参考价值，以 2019 年为例，全国铁路旅客发送量达到 36.6 亿人次，同比 2018 年增幅为 8.4%；全国货物总发送量为 43.89 亿吨，同比 2018

年增幅为 7.2%。按此趋势，新冠疫情逐渐平缓以后，我国旅客和货物发送量会迎来进一步的增长[7]。

然而我国铁路发展仍面临不少困难和问题，主要表现在[7-9]：

1）路网结构尚不完善、区域发展仍不平衡，是我国目前铁路整体结构布局中较为明显的一个问题，就我国现阶段铁路路网布局来看，仍然呈现东密西疏的结构特性，西部地区仍然有大面积地区存在未通铁路的情况；另有部分地区铁路未形成规格性的网络结构，导致部分城镇之间仍然存在运输通行不便情况，需要于其他地区进行迂回绕道运输，整体的铁路运输能力仍然存在分布不均匀情况。

2）重点区域之间、主要城市群之间的快速通道存在通而不畅，部分通道还未形成系统能力，有效供给和运行效率有待进一步提升。

3）网络层次不够清晰，城际客运系统发展缓慢，现代物流、综合枢纽、多式联运等配套设施和铁路集疏运体系以及各种交通运输方式衔接有待加强；综合交通枢纽发展不足，铁路与城市交通衔接水平有待提升。

4）现代物流及多式联运发展中铁路骨干作用发挥不够充分，"最后 1km"集疏运体系仍存在短板。

5）西部路网部署稀疏，尤其是青海、西藏、新疆地区路网建设不完善，与国家西部开发战略、当地社会经济发展需求、国家安全需求以及西部地区在国家未来发展中的地位相适应方面相比仍然存在巨大缺口。

6）西部地区通信网、能源网等基础设施网络覆盖薄弱，导致西部地区面向铁路安全保障的智能化监测设施无法按实际需求进行配置和建设。

## 1.1.2 铁路基础设施及运行环境发展现状与安全形势

铁路基础设施及运行环境对铁路系统运行安全影响重大，同时也面临着巨大的安全风险与隐患，是铁路安全运行监测的重点。

### 1.1.2.1 铁路基础设施发展现状及其安全形势

#### 1. 铁路基础设施发展现状

目前，以电气化铁路为例，铁路基础设施主要是指为铁路提供动力来源的牵引供电系统、为列车提供行车指挥和控制的通信信号系统、为列车提供运行和检修场所的土建基础设施，以及提升系统智能化运行水平的信息化基础设施。牵引供电系统、通信信号系统和信息化基础设施均有较为完善的监测设备和装置，为系统的安全可靠运行保驾护航。

以线路、桥梁、隧道、路基等为主的土建基础设施，既要为铁路高速行车提供高平顺性和高安全性的运行条件，又要保证各部分组成满足一定的稳定性、耐久性。该部分基础设施的覆盖范围最广、对行车安全影响最大，但是监测和检测的强度远远不够，因此，本书专注于该部分基础设施的监测，后续章节提及的基础设施均为铁路土建基础设施，包括轨道、路基、桥梁、隧道等。

近年来，我国铁路基础设施建设不断完善，目前，我国铁路桥梁总数近 10 万座，投入运营的铁路隧道 16084 座，总长 18041km[14]。目前，我国铁路基础设施建设和发展具有以下特征[11]：

（1）发展迅速

随着我国铁路运输快速发展，基础设施建设水平也在快速提高。新中国成立前夕，能维持通车的线路只有 1.1 万多 km，能用的机车不过 1700 多台，车辆也只有 3 万多辆[5]。1949—1978 年，铁路运营里程从 1949 年的 2.18 万 km 持续增长至 1978 年的 5.17 万 km，年均增长率约为 3.02%。1978—2007 年，铁路运营里程年均增长率为 1.43%；而在 2008—2018 年，年均增长率上升至 4.88%；截至 2021 年底，全国铁路里程已突破 15 万 km，铁路机车拥有量高达 2.2 万台。我国铁路基础设施发展十分迅速，支撑我国铁路创造一个又一个奇迹。

（2）技术先进

我国幅员辽阔，铁路系统运行的环境复杂多样，特别是高速铁路，不仅对轨面平顺性和舒适性要求高，对线路各部分稳定性和耐久性要求也很高，如何在各种不同的复杂环境下，建造满足铁路高要求的轨道线路，我国展开了一系列探索，如：铁路线路设计方面，发明了"人机交互铁路线路平、纵面整体优化设计系统""微机数模及地形图成图系统""新建单、双线铁路线路机助设计系统""铁路线路三维可视化设计系统"等新技术，改善了铁路勘测设计流程，提高了勘测设计质量；构建了一种具有我国完全自主知识产权的高速铁路无砟轨道—CRTS Ⅲ 型板式无砟轨道，可适用于时速 300km 以上的城际铁路及严寒地区高铁，发展和完善了我国高速铁路无砟轨道技术体系；在桥梁设计施工方面，创新并改进了铁路独创桥梁"加垫"技术、无缝线路桥梁设计建造技术、"车—桥—线"动力响应仿真技术、无砟轨道桥梁设计建造技术、长跨度桥梁建造技术等，在我国铁路桥梁建设中发挥了重要的作用[12]。

（3）基础设施性能不断提高

改革开放前，铁路线路和技术装备质量差，路基病害严重，约有 1/3 的车站没有信号机，自动闭塞线路长度不到 2%，双线也只有 6%，各路车辆不能互相通用和过轨，造成运输事故多、运输效率极低的情况[5]。而如今，以钢轨为例，在标准的引领及铁路快速发展的需求下，国内钢轨生产厂家先后投巨资完成了钢轨生产的现代化技术改造，改造后的钢轨的生产设备和工艺达到了国际先进水平，实现了钢轨生产的"精炼""精轧""精整""长尺化"和"在线检测"五大核心技术。先进的生产设备和先进的生产技术作保证，加上对高速铁路钢轨的质量实施有效的监督和控制，目前，我国高速铁路钢轨实物总体质量

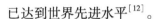 

已达到世界先进水平[12]。

（4）基础设施相关标准不断完善

随着我国铁路的迅速发展，经过多年来技术创新和实践经验的积累，铁路标准日益完善。"十二五"期间共发布实施 374 项铁道国家标准和铁道行业标准，为我国铁路的设计施工、装备制造和安全运营提供了有力的技术支撑。2017 年 3 月 2 日，国家铁路局发布《铁路标准化"十三五"发展规划》，规划指出到 2020 年，形成完善的适应不同铁路运输方式的标准体系，不断完善铁路标准体系，为我国铁路的设计施工、装备制造和安全运营提供有力的技术支撑。国家铁路局完成了 2700 多项铁路标准的梳理、分类。铁路工程建设标准在复杂地基处理、长大桥梁工程和隧道、轨道工程、牵引供电、通信信号、大型客站等方面不断取得突破，指导建成了京津、京沪、京广、哈大等一批设计时速 350km 的高速铁路；伴随着大秦铁路、青藏铁路等工程的建设实践，重载和高原铁路标准探索取得新进展。铁路产品标准在动车组、列控系统、轨道结构、运营调度等关键标准方面取得突破，技术装备安全可靠性水平进一步提升[13]。2021 年 12 月国家铁路局发布的《"十四五"铁路标准化发展规划》对铁路基础设施标准做了进一步的要求：到 2025 年，铁路标准体系谱系化、一体化水平显著提升，铁路标准体系进一步优化整合，更加系统完备、协调完善。

**2. 铁路基础设施安全形势**

在我国既有铁路网中，铁路沿线设施存在着较多安全隐患，在我国铁路发展里程中，发生过多起由于沿线设施故障而引发的行车事故，造成了重大的人员伤亡与经济损失，产生了极恶劣的社会影响[13]。目前我国铁路基础设施仍存在一定安全问题，主要表现在[9]：

（1）部分区域路网设施设备亟待升级改造

首先，部分区域路网基础设施设备升级改造的投入不够，部分设备得不到及时更新换代，处于维持运行的状态；其次，存在设备发展不平衡的问题，部分正线是灰枕、Ⅱ型枕，而站线还是木枕，特别是站专线还存在着非标钢轨、道岔；再次，由于人的主观原因，日常中维修标准不高，对设备的病害整治力度不够，不安全隐患直接威胁着运输安全，比如：工务系统的线路翻浆冒泥、伤损钢轨、辙叉、接头病害、冻害、扣件松动等问题。

（2）安全监测设施完备性和水平亟待提高

安全监测是提高铁路设备维修水平的重要手段，通过对铁路设备的运行状态进行监测，能够及时发现设备的异常状态，从而及时维修降低事故发生率。但是现有高速铁路、普速铁路检测，监测和修理技术装备体系不完善，检测养护机械装备水平不够完备；高速铁路、城际铁路和重要干线路基沉降及轨道变形监测系统不够完善；安全监测技术和设备的不完善，直接影响到设备的维修效率，不利于铁路列车的安全运行。

（3）高速铁路路网基础设施病害日益严峻

高铁不仅是地区交通的纽带，更能够促进国家"一带一路"倡议，成为中国制造的国家名片。随着运营时间的增长，铁路客、货运量日益增多，铁路部门运输任务日趋繁重；加之我国铁路修建年代不同、地质条件复杂及当时设计施工等因素的影响，加上各种自然条件和自然灾害的影响，高速铁路基础设施面临着性能退化、超载服役、自然灾害等问题，在长期的运营中出现混凝土裂缝、钢筋腐蚀、结构层脱空、砂浆层离隙、冻害、沙害等病害。

而近年来，随着铁路无砟轨道技术发展，我国大力修建高速铁路、城际铁路等无砟铁路。一方面，提速线路里程的增加和行车密度的加大给高铁基础设施带来更大的负荷；另一方面，由于施工经验缺乏以及施工时间短等原因，有出现工后沉降超限病害的趋势：例如某高铁线压缩一半工期，开通时存在大量病害，运营部门又投入大量资金进行整治，其中某铁路局管辖该线仅68km，投入运营7年，已投入8000多万元整治线路病害。另一线更为严重，开通至今仍需每天封锁区间整治病害，不仅严重限制了运输能力，而且病害也不可能彻底整治，留下了隐患。

## 1.1.2.2 铁路运行环境发展现状及其安全形势

铁路系统运行环境的监测对象主要是对给铁路部门造成巨大损失的自然灾害及异物侵限等突发事件，其中自然灾害监测旨在对风、雨、雪、地震、地质、温度等异常情况进行识别和预警，实现监测信息的分布获取、集中管理和综合运用，全面掌握灾害动态，并根据灾害严重程度通知相关部门采取紧急处置措施，避免或减少灾害对铁路系统运行造成的不良影响。

### 1. 我国自然环境现状

我国铁路网遍及全国甚至延伸至整个欧亚大陆，铁路系统运行环境复杂多样，包括路基湿软的黄土高原、严寒的青藏铁路、多雨的江南地带等。我国复杂的地理条件连同多样的气候类型共同形成了复杂多样的铁路运营环境[10]。目前，我国自然环境具备以下主要特征：

（1）气候条件复杂多样

我国幅员辽阔，跨纬度较广，距海远近差距较大，加之地势高低不同，地形类型及山脉走向多样，因而气温降水的组合多种多样，形成了多种多样的气候。从气候类型上看，东部属季风气候，西北部属温带大陆性气候，青藏高原属高寒气候；从温度带上看，可将我国气候划分为：热带、亚热带、暖温带、中温带、寒温带和高原气候带；从干湿地区划分来看，有湿润地区、半湿润地区、半干旱地区、干旱地区之分，而且同一个温度带内，可含有不同的干湿区；

同一个干湿地区中又含有不同的温度带。因此在相同的气候类型中，也会有热量与干湿程度的差异。地形的复杂多样，也使气候更具复杂多样性。

（2）季风气候显著

中国的气候具有夏季高温多雨、冬季寒冷少雨、高温期与多雨期一致的季风气候特征。冬季盛行从大陆吹向海洋的偏北风，夏季盛行从海洋吹向陆地的偏南风。冬季风产生于亚洲内陆，性质寒冷、干燥、在其影响下，我国大部地区冬季普遍降水少，气温低，北方更为突出；夏季风来自东南面的太平洋和西南面的印度洋，性质温暖、湿润，在其影响下，降水普遍增多，雨热同季。我国受冬、夏季风交替影响的地区广，是世界上季风最典型、季风气候最显著的地区。和世界同纬度的其他地区相比，我国冬季气温偏低，而夏季气温又偏高，气温年较差大，降水集中于夏季。

（3）地形复杂

我国地势总体上呈现西高东低、多山地多高原的特点，其中山地、高原和丘陵面积总和占据我国领土面积的2/3。青藏高原是世界上面积最大、海拔最高的高原，连绵高耸的山丘致使高原地势险峻，高海拔造成的极度严寒和缺氧对于人类生存和铁路基础设施的维护造成巨大挑战，猛烈的大风常常对铁路基础设施造成破环，暴雪天气下铁路基础设施面临着被侵蚀和掩埋等风险。黄土高原由于人类长期的过度开发导致土地退化、沙漠化、水土流失，形成了当地脆弱的生态环境。另外严重的水土流失形成了千沟万壑的复杂地貌，更加剧了黄土高原上铁路基础设施的运营维护难度。我国西部地区存在大片的荒漠，降水稀缺、烈日暴晒下，气温可到60～70℃，铁路基础设施的温度迅速上升；然而到了晚上，气温急速下降，甚至到达0℃以下。

（4）自然灾害多

我国的自然灾害呈现种类多、分布地域广、发生频率高、造成损失重等四大特点。

灾害种类多表现在：我国的自然灾害主要有气象灾害、地震灾害、地质灾害、海洋灾害、生物灾害和森林草原火灾。

灾害分布地域广表现在：我国各省（包括自治区、直辖市）均不同程度受到自然灾害影响，70%以上的城市、50%以上的人口分布在气象、地震、地质、海洋等自然灾害严重的地区，2/3以上的国土面积受到洪涝灾害威胁。东部、南部沿海地区以及部分内陆省份经常遭受热带气旋侵袭；东北、西北、华北等地区旱灾频发，西南、华南等地的严重干旱时有发生。各省（包括自治区、直辖市）均发生过5级以上的破坏性地震。约占国土面积69%的山地、高原区域因地质构造复杂，滑坡、泥石流、山体崩塌等地质灾害频繁发生。

灾害发生频率高表现在：我国受季风气候影响十分强烈，气象灾害频繁，局地性或区域性干旱灾害几乎每年都会出现，东部沿海地区平均每年约有 7 个热带气旋登陆。我国位于欧亚、太平洋及印度洋三大板块交汇地带，新构造运动活跃，地震活动十分频繁，大陆地震占全球陆地破坏性地震的 1/3，是世界上大陆地震最多的国家[16]，森林和草原火灾时有发生。

灾害造成损失重表现在：1990—2008 年的 19 年间，平均每年因各类自然灾害造成约 3 亿人次受灾，倒塌房屋 300 多万间，紧急转移安置人口 900 多万人次，直接经济损失 2000 多亿元人民币[18]。

**2. 铁路运行环境安全形势**

我国国土面积辽阔，高速铁路运行线路长、横跨气候带多、沿途地形地貌复杂、自然灾害发生频繁，地区自然条件差异较大，自然灾害呈现种类多、频率高、区域性和季节强等特点。高速铁路具有跨区域的特点，各种自然灾害都可能对高速铁路运输造成不利影响。诸如，1981 年成昆线遭遇洪水泥石流灾害，多条线路受阻，区域内铁路网络严重瘫痪；2000 年郑西铁路山体滑坡，线路中断服务长达 45h；2007 年新疆 13 级大风掀翻列车造成 3 人死亡、30 余人受伤；2008 年我国南方地区遭遇暴雪灾害，导致大部分地区铁路线路服务中断，造成了巨额的经济损失；2018 年郑州铁路大雪致使 13 趟列车晚点；2019 年新疆大风造成 21 趟列车晚点，严重影响铁路运输的效率；危害旅客及工作人员的出行安全。自然灾害对我国铁路的影响主要表现在以下几个方面[18]：

（1）气象灾害对高速铁路的影响

气象灾害的时空分布特征及其与铁路基础设施的相互耦合关系，会给铁路安全运行带来巨大风险与挑战。我国春季西北地区的沙尘暴及新疆地区的大风，夏季东南沿海地区的台风，冬季北方地区的冰雪等给铁路安全运行带来不便：如雷电会对高速铁路输变电系统、信号系统、铁路的接触网系统等造成危害，进而影响铁路系统正常运行。温度变化较大的地区轨道设施易坏：日温差变化较大的西部地区（如新疆、西藏等地）将可能造成钢轨脆断；极寒极冷的东北地区，钢轨因温差会产生很大的压力，将会出现钢轨脆弯变形或者钢轨压溃等问题。突发暴雨引发泥石流严重影响铁路安全行车，进而造成列车大面积晚点。强横风对我国高速列车的运营影响巨大，强风天气条件下高速列车行驶时不仅受行驶方向的气动阻力影响，还会受线路走向与强风主风向之间夹角的影响，在特殊环境下会产生风的狭管效应或增速效应，列车车体会发生颤动，严重时甚至发生倾覆翻车事故。

（2）地质灾害对高速铁路的影响

我国地处环太平洋构造带和喜马拉雅构造带汇聚部位，两种活动构造带汇聚是形成我国地质灾害种类繁多的根本原因。地质灾害种类繁多，常见地质灾害共有 12 类 48 种。其中崩塌、滑坡和泥石流等作为地质灾害的主要灾种，具有突发性强、分布范围广和隐蔽性等特点，每年都造成巨大的经济损失和人员伤亡。目前，全国铁路沿线分布有大型泥石流沟 10000 多条、大中型滑坡约为 1000 多个、崩塌 1000 多处、严重塌陷 4000 多处等。高速铁路的速度一般为 200~320km/h，如果在行车时遭遇泥石流等地质灾害，将导致极其严重的运输中断和人民生命财产损失。典型的泥石流可以分为形成区、流通区和沉积区 3 个区段，降雨量强度大是引发泥石流灾害发生的主要诱因，暴雨会引发山洪，从而导致崩塌、滑坡、泥石流等一系列自然灾害的发生，严重威胁高速铁路的运营安全。世界各国（包括我国）的铁路部门都非常重视沿线地质灾害的相关工作，积极开展地质灾害防御工作，通过区域灾害调查，采用线路绕避、工程防治等措施减少自然灾害的危害。

（3）地震灾害对高速铁路的影响

地震是一种发生概率较小，但危害性最大的突发性灾害，我国部分地区地震灾害呈活跃趋势，其突发性和破坏性极强，防范难度较大。当列车在低速运行时地震的危害性不是很突出，但由于轮轨之间的横向力与列车运行速度的平方成正比，当速度超过 200km/h 时，即使是较小的地震也可能造成列车出轨甚至翻车的重大安全事故。如 2010 年 3 月 5 日，我国台湾高雄发生里氏 6.7 级地震，造成高速铁路列车出轨。所以，为了防止或减轻地震对高速铁路的危害，世界上已经拥有高速铁路的国家和地区都针对高速铁路建立了地震监测预警系统。我国也是地震多发国家，也在研究和应用保障高速铁路安全运营的地震监测预警系统。

（4）异物侵限对铁路的影响

铁路具有运行速度快、轮轨摩擦力小、制动距离长的特征，且异物侵限事件具有突发性、无规律性和不可预测等特点，一旦有异物侵限事件发生，仅靠司机目视观察，很难及时采取制动措施；且铁路列车动能和惯性力都很大，列车很难在短时间、短距离内制动停车，从而大大增加异物侵限对铁路安全行车的威胁。因此，对于一些易发生土、石崩塌和落物且整治投资大、施工困难的地段，需根据预测的侵限区间及落物的轨迹，设置异物侵限监测装置，以便提前预知异物侵限的位置、异物特征信息，提前采取对应的措施[19]。

## 1.2 铁路基础设施及运行环境状态监测技术应用现状

铁路基础设施及其运行环境状态监测系统最初是相互独立的，功能相对单一，如单独的监测桥梁、隧道等设施的监测系统和独立的防灾监测系统，并无全方位、功能齐全的监测系统。铁路基础设施及其运行环境状态监测系统在生产中探索、在事故经验中总结，以传感、通信等技术为支撑，逐步得到发展和完善，在铁路运行安全保障中发挥着越来越重要的作用。

## 1.2.1 铁路基础设施及运行环境状态监测方式

我国现有的铁路基础设施及运行环境状态监测方式可分为三类：人工巡检、巡检车和在线监测传感器[20-22]。

**1. 人工巡检**

人工巡检是最传统的铁路基础设施及其运行环境检测手段。铁路路基、路轨、道岔、信号灯、铁路桥梁、通信线路等铁路基础设施的状态监测离不开巡线员、检修员定期巡检，巡线员携带检测设备等工具，测量完结果后通过纸质记录再人工录入后台系统。如图1-2所示为巡检人员正在检查铁路轨面水平高差。

图1-2 巡检人员正在检查铁路轨面水平高差

人工巡检是自然灾害的检测重要方式之一[32]，当巡检人员侦测到山体滑坡、地质倾斜和泥石流等地质灾害时，及时上报情况以规避风险。人工巡检也广泛应用于地质条件的监测，在特殊地形地貌区域进行典型调查和实地量测，另外地质条件微小变动需要专业监测仪器进行监测。特殊的气象变化也通过人工方式监测，列车乘务人员、司机和车站值班人员时刻注意着天气情况，遇到大雨、暴雪、能见度低等情况会及时通知司机限速行驶甚至停止运行。

**2. 巡检车**

巡检车的应用大大提高了铁路基础设施检测的效率、精度和效果。我国铁路主要采用巡检车对基础设施进行周期性检测。10~15天的周期性检测普遍采用综合检测列车及专用检测装备进行铁路固定设施的安全检测，检测数据由综合检测数据分析处理平台存储和分析。如图1-3所示为正在工作的巡检车，新一代CRH380A-001、CRH380B-002综合检测列车集成了轨道、弓网、动力学、通信、信号和综合系统六大系统[33]（见图1-4），能够满足350km/h等级高速综合检测。轨道检测系统可精准测量轨距、轨向、高度、水平等轨道集合参数，其中轨道长波不平顺检测精度到达毫米级；弓网检测系统可检测接触网几何参数、弓网动态作用、接触线磨耗和受流参数；动力学检测系统可检测轮轨加速度和轮轨作用力，通过列车动态响应特性评价轨道平顺性；通信检测系统具有全球铁路移动通信系统（Global System for Mobile Communication-Railway，GSM-R）场强覆盖、应用业务服务质量检测及评定功能；信号检测系统可实时采集并分析轨道电路、应答器、车载自动保护（Automatic Train Protection，ATP）的信号参数；综合系统可实现车辆的精准定位和检测信息的实时传输。

图 1-3　铁路巡检车正在工作

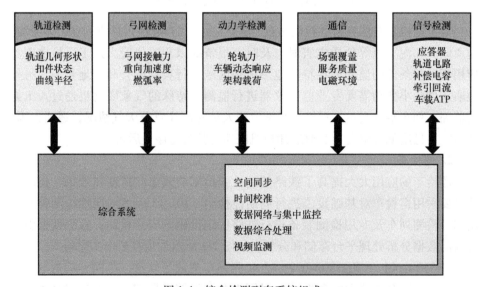

图 1-4　综合检测列车系统组成

综合检测数据分析处理平台对检测数据集中存储管理，通过综合分析研究，评价基础设施的运用状态，预测基础设施状态变化趋势和演变规律，提出养护维修建议。另外，为满足线路限界、轨道状态、钢轨探伤、接触网等检测需要，铁路部门还配置轨道检查车、钢轨探伤车、限界检查车、接触网检查车、电务检查车等适合各专业检测的专用检测装备。

**3. 在线监测系统**

在线监测系统是目前应用越来越广泛的铁路基础设施及其运行状态监测手段，在基础设施监测方面，基础设施的微小变化需要专业检测传感器进行监测。如图 1-5 所示为道岔在线监测系统，安装密贴位移传感器、应力传感器、振动传感器和加速度传感器等智能传感器于道岔处及转辙机等部位，可实时监测尖轨和基本轨的贴合程度、尖轨开口量、转辙机转换力、动态力和振动的幅度、钢轨温湿度等[34]。在路基沉降监测中，可将静力水准仪应用于铁路路基监测，设定预警阈值，对路基沉降超限情况进行预警，从而实现既有线路路基沉降自动监测与预警[26]。钢轨、轨道板和梁体上安装有加速度传感器、应力传感器和振动传感器，可实时监测轨道的服役状态。在运行环境监测方面，在线监测传感器应用广泛，自然灾害重点监测区域安装地面传感设备，对地震、山体滑坡和泥石流等灾害进行监测，遇到异常情况设备及时发出警告，避免发生交通安全事故发生[37]。

图 1-5 道岔在线监测系统

## 1.2.2 铁路基础设施及运行环境状态监测需求

面向铁路安全保障、能力保持、智能运维、应急保障与灾害防控自动化、智能化与自主化的需求，亟需加强我国既有线路监测系统的升级改造，同时强化新建线路监测系统的规划、设计与建设。

我国最早于 1876 年建设铁路，远早于高速公路，铁路长期以来一直在满足沿线老百姓出行方面发挥着巨大作用，同时也为长途重载货物的运输贡献了巨大力量。然而，我国大部分既有线路是 20 世纪建设并投入运营的，随着我国铁路运行速度和运输能力的快速大幅提升，既有铁路基础设施面临设施设备性能退化及其与周边复杂恶劣环境相互作用的多重风险，在支持安全保障、能力保持、高效运维、灾害预防的检测监测设施设备配置与部署方面存在巨大缺口，无法满足铁路安全行车、高效运营和应急处置的更高需求。

对新建线路而言，我国铁路建设经过多年高速发展，东部沿海发达地区人口密集，经济发达，铁路网络密度不断增加，铁路基础设施已初具规模。相比之下，中西部、东北和西南边疆等人口相对稀少且铁路环境更加恶劣复杂的地区，成为了下一步国家铁路新建规划的重点。这给新建线路基础设施及其行车安全带来巨大挑战，同时也对监测设施自动化、智能化、无人化提出更迫切的需求与更高的要求。主要体现在以下四个方面[23-31]：

（1）监测系统节点布局亟需完善

既有铁路基础设施及其运行环境监测节点大多根据既有线路建设时期的监测需求进行部署，随着铁路运营里程的不断累加和运行环境的变化，导致既有监测系统存在监测点不足、监测位置不合理、监测覆盖不全面等问题。如何根据铁路系统运行现状选择合适的监测设备类型，合理地布置各类设备，进而实现全局化、精准化、实时化对铁路系统基础设施及其运行环境状态进行监测预警，是铁路监测系统首要考虑的问题。

（2）监测系统通信网络亟需重构优化

铁路沿线已经建设了很多安全监测系统，范围涉及铁路电务、工务、机务、车辆等多个方面，为我国铁路的安全运营提供了重要保障和有力支持。但是，这些安全监测系统在建设时，大都采用独立的通信网络和不同的数据通信接口及协议，网络标准不统一，难以实现对各安全监测系统进行统一的维护和管理，导致网络利用率差、信息共享率低、监测数据关联性差，铁路各部门之间协调沟通效果不佳。同时，既有监测系统网络多以有线通信为主，存在建设维护成本高、可扩展性差等问题。因此，亟需构建面向铁路基础设施及其运行环境状态监测的标准化通信网络，充分发挥无线传感网的优势，以提升系统的建设与运行效能。

（3）监测系统信息共享度亟需提高

既有铁路基础设施及其运行环境状态监测系统由现场监测设备、通信设备、监控数据处理设备、监控终端及传输网络构成，并与调度指挥、信号、牵引变电等系统相联。系统主要功能包括实时监测功能、报警限速提示功能、紧急处置功能和查询统计功能等，但由于系统按线建设，致使同一铁路局管内各条铁路的灾害监测和报警信息不能共享、不能实现互联互通。在铁路信息化总体规划指导下，需建设铁路局中心系统，实现各灾害监测系统的数据交换、互联互通，与相邻铁路局灾害监测报警信息及路内外相关系统实现数据共享。

（4）监测系统自动化、智能化、无人化能力亟需提升

由于新建铁路大多要修建在人口较为稀少或环境相对恶劣的地区，应当尽量减少监测系统对人的依赖，提升系统的无人化监测能力；增强监测系统自动化程度和可靠性要求，尽量减少或尽量消除监测误报情况，减少线路中心服务器、工务监控终端、基站、线路系统终端设备等关键设备故障；根据历史数据对基础设施及其运行环境态势进行智能预测，及时排除系统故障隐患，从而增强监测预警系统的智能化水平，提高系统可靠性。

### 1.2.3 铁路系统基础设施及运行环境状态监测系统现存问题

铁路基础设施及运行环境状态监测系统近几十年来，在新技术赋能和新需求驱动下不断发展与进步，一直在保障铁路系统高安全运行、高效能运输和高品质服务方面持续发挥重要作用。但是，铁路基础设施及其运行环境监测系统的设计、建设与运行模式仍然存在一定的问题，难以适应大范围既有线路监测系统升级改造以及新建线路监测系统设计与建设的需求，主要体现在以下三个方面[37-42]：

（1）标准化的监测系统架构体系

我国铁路基础设施及运行环境状态监测系统近几年来在部署规模和应用上都取得了巨大进步，但是，在设计和建设过程中也存在一定的问题：首先，从系统建设发展历程角度，铁路基础设施及其运行环境监测系统的构建是以事故经验为导向建设的，系统随着现场经验的积累不断升级，兼容性、扩展性和适应性存在一定的不足；其次，从铁路运营管理模式角度，系统是以路局或者线路为单位进行独立设计与构建，不同单位系统构建存在理念与技术路线的差异；再次，从系统信息化建设与运行的角度，感知技术复杂多样、传输网络组网方式繁杂、系统间联系松散、网络资源共享程度低，且缺乏统一的管理维护平台。因此，亟需构建一套完整统一的架构体系，指导和引领铁路基础设施与运行环境监测系统的规划、设计与建设，保证不同系统间的兼容性和互操作能力，以及对未来需求、场景及技术革新的适应性。

（2）大范围、立体化、高适应性的监测系统

铁路网络作为一个集成了基础设施网、车流网与客流网的多重耦合复杂网络，有明显的级联失效特征，即某一区域、路段或者站点失效，均有可能影响整个路网的通行能力及运行效率。我国铁路网络覆盖范围大、运行环境复杂多样，基础设施及其运行环境状态的变化具有很强的不确定性，因此，需要建立

一套基于"空-天-车-地"一体化的监测体系，以实现对铁路基础设施及其运行环境大范围、立体化、全天候的监测，最大限度地保障系统运行的安全性和可靠性；同时，我国铁路系统运行环境具有很强的时空多变性，且部分区域环境较为恶劣，这就要求铁路基础设施及其运行环境状态监测系统具有很好的环境适应性和可靠性，保障监测的连续性、稳定性和可靠性。

（3）智能高效的监测系统应用模式

现有铁路基础设施及运行环境状态监测系统以中心化的"边缘感知+云端决策"管理与应用模式为主。传感器感知数据需传输到数据中心完成存储、处理、分析、决策等一系列操作，对数据中心的数据存储容量和计算能力提出较高要求。中心化的模式具有实时性差、运维成本高、可拓展性差、弹性能力低的缺点，实时性差主要表现在：所有数据信息的处理和应用都经历"边-云-边"的传输-计算-决策-控制过程，数据传输距离长、丢包率高、时延大，大大降低了应急决策与控制的实时性；运维成本高主要表现在：现有铁路基础设施及其运行环境监测系统的传感器及其通信设备以电源供电和有线通信为主，多以地埋方式进行铺设，大大增加了系统建设与运维的难度及其成本，尤其在山区、峡谷和冻土等条件恶劣地区，运维难度与成本更高；可拓展性差表现在：在目前"电源供电+有线传输"模式下，每增加一个感知或者传输节点，都需要通过开挖地面、布线等施工流程来部署新的电力和通信线路，施工成本高步骤复杂；弹性能力低表现在：该模式下系统不具备自组网能力，部分节点或者线路损坏可能会导致系统整体失效，系统整体抗风险、抗冲击能力差。因此，亟需以新型边缘计算、无线传感网、5G通信等先进技术为支撑，构建新的基于"边云协同"的系统应用模式，以提高监测系统的建设、运维及运行效能。

# 1.3　本书章节安排

本书较为系统地介绍了无线传感器网络在铁路基础设施及其运行环境状态监测中的理论及技术问题。各章的具体内容安排如下：第1章重点介绍了铁路基础设施及其运行环境监测系统，描述了我国铁路的发展现状、运营环境和安全形势，详细分析目前我国铁路状态监测系统的现状、需求及问题，展望了未来我国铁路基础设施及其运行环境状态监测系统的应用场景。第2章构建了基于边云协同机制的铁路基础设施及其运行环境监测系统新一代架构，为监测系统建设改造提供技术支撑与架构引领。第3章构建了基于WSN的新一代铁路基础设施及运行环境状态监测系统及专用通信传输网络结构。第4章、第5章分别针对基于WSN的铁路基础设施及运行环境状态监测系统专用通信传输网络的子网和骨干网，对其能耗等性能进行优化。第6章提出了一种基于边云协同的铁路监测系统有效时延最小化模型，通过最优的任务分配策略以实现系统总有效时延最小化。第7章建立系统效用函数来反映各业务在带宽分配过程中的合作与竞争关系，从而使得带宽分配结果可以在满足各业务带宽需求的同时，最大化系统带宽资源的使用效能。第8章对本书的主要工作进行了总结和展望。

# 参 考 文 献

[1] 胡亚东. 我国铁路重载运输技术体系的现状与发展 [J]. 中国铁道科学，2015，36 (02)：1-10.

[2] 何华武. 中国高速铁路创新与发展 [J]. 中国铁路，2010 (12)：5-8.

[3] 郑健. 中国铁路发展规划与建设实践 [J]. 城市交通，2010，8 (01)：14-19

[4] 周长江. 高速铁路发展概况及展望 [J]. 甘肃科技纵横，2005 (03)：105-106，71.

[5] 佟立本. 铁道概论 [M]. 北京：中国铁道出版社，2010.

[6] 国家铁路局.《中长期铁路网规划》发布〔EB/OL〕.（2016-07-21）〔2016-07-21〕. http://www.nra.gov.cn/xwzx/xwdt/xwlb/201607/t20160721_26058.shtml.

[7] 国家铁路局. 国家铁路局发布《2020 年铁道统计公报》〔EB/OL〕.（2021-04-19）〔2021-04-19〕. http://www.nra.gov.cn/xwzx/xwdt/xwlb/202104/t20210419_147768.shtml.

[8] 高飞. 我国铁路运输结构调整现状分析及对策 [J]. 铁道货运，2020，38 (06)：12-16.

[9] 周锐.《铁路"十三五"发展规划》发布 [J]. 城市轨道交通研究，2017 (12)：37-37.

[10] 马清源. 浅析中国铁路发展问题及其未来发展方向 [J]. 科技促进发展，2012 (6)：196-197.

[11] 李学伟. 高速铁路概论 [M]. 北京：中国铁道出版社，2010.

[12] 李海军，侯立新，张文婷. 铁道概论 [M]. 成都：西南交通大学出版社，2013.

[13] 魏敏. 沪宁铁路的历史变迁 [N]. 中国经济网. 2010-06-30.

[14] 田四明，巩江峰. 截至 2019 年底中国铁路隧道情况统计 [J]. 隧道建设（中英文），2020，40 (02)：292-297.

[15] 秦大河. 中国气候与环境演变. 2012 综合卷 [M]. 北京：气象出版社，2012.

[16] 中国气象局. 中国气象灾害年鉴 [M]. 北京：气象出版社，2012.

[17] 中华人民共和国国务院新闻办公室. 中国的自然灾害主要呈现四大特点〔EB/OL〕.（2009-05-11）〔2009-05-11〕. http://www.scio.gov.cn/zfbps/jdbps/Document/1435681/1435681.html.

[18] 胡启洲，郭庆. 高速铁路安全运营的自然灾害预警系统 [M]. 成都：西南交通大学出版社，2018.

[19] 刘克强. 高速客运专线道岔监测系统研究及应用 [J]. 中国铁路，2009 (4)：38-41.

[20] 徐超. 高速铁路综合防灾安全监控系统的研究 [D]. 北京：中国铁道科学研究院，2010.

[21] 张春娇. 高速铁路气象监测系统的设计 [D]. 武汉：武汉理工大学，2010.

［22］　程为. 高速铁路异物侵限监控系统设计［D］. 武汉：武汉理工大学，2010.

［23］　柴东海. 普速铁路线路设备现状及修理对策［J］. 中国铁路，2017（12）：51-54.

［24］　杜彦良，张玉芝，赵维刚. 高速铁路线路工程安全监测系统构建［J］. 土木工程学报，2012，45（S2）：59-63.

［25］　罗丹，李姝辰. 铁路旅客运输服务质量监测体系设计［J］. 科技与创新，2018（9）：122-123.

［26］　蔡华林. 铁路信号设备集中诊断及智能分析系统技术研究［D］. 北京：中国铁道科学研究院，2017.

［27］　卡哈尔江·艾海提. 铁路风监测系统改造方案研究［J］. 铁道通信信号，2013，49（4）：66-69.

［28］　王瑞，喻麒睿，王彤. 高速铁路灾害监测系统优化升级［J］. 中国铁路，2013（10）：17-20.

［29］　李晓宇，张鹏，戴贤春，等. 高速铁路自然灾害及异物侵限监测系统运用及管理优化研究［J］. 中国铁路，2013（10）：21-25.

［30］　冯杰. 铁路运输安全监控自动化—铁路线桥设备实时监测系统研究［D］. 上海：同济大学，2008.

［31］　肖维斯. 物联网在铁路安全监控领域应用研究［D］. 北京：北京交通大学，2012.

［32］　刘勇，王珣，高柏松，等. 铁路重大突发地质灾害应急监测技术研究［J］. 铁道标准设计，2022，66（01）：26-32.

［33］　何华武. 高速铁路运行安全检测监测与监控技术［J］. 中国铁路，2013（03）：1-7.

［34］　刘克强. 高速客运专线道岔监测系统研究及应用［J］. 中国铁路，2009（4）：38-41.

［35］　王彤. 高速铁路防灾安全监控系统研究与开发［J］. 中国铁路，2009（08）：25-28.

［36］　高飞. 我国铁路运输结构调整现状分析及对策［J］. 铁道货运，2020，38（06）：12-16.

［37］　刘可. 光纤在线自动监测系统在铁路通信专网中的应用分析［J］. 无线互联科技，2018（18）.

［38］　李刚. 铁路信号监测技术发展与展望［J］. 铁道通信信号，2019，55（S1）：154-161.

［39］　付冬琴. 论铁路信号集中监测系统的应用与发展［J］. 中国新通信，2018，20（16）：116.

［40］　徐金锋. 浅谈我国高速铁路路基监测技术发展［J］. 科技资讯，2012（12）：50.

［41］　李国民. 铁路安全监测系统现状及发展方向［J］. 铁道货运，2008（10）：22-24.

［42］　王文哲. 铁路信息技术的发展与展望［J］. 铁道通信信号，2001（03）：1-3.

# 第2章 基于边云协同机制的铁路基础设施及运行环境监测系统架构

铁路已成为我国"一带一路"战略实施、新型城镇化建设、"制造强国"战略转型最有力的基础设施支撑[1-3]。随着铁路快速发展，列车运行速度大幅提升，铁路空间布局愈发辽阔，路网向环境复杂地区快速延伸。在此背景下，一方面我国气候复杂、自然灾害频发，自然致灾要素（风、雨、雪）及突发状况（异物侵限）严重威胁铁路行车安全[4-6]，2020年，京九线一列车因降雨塌方脱轨，造成1人死亡、4人重伤、123人轻伤[6]；另一方面，由于路网规模大、沿线环境复杂，铁路基础设施老化、变形问题突出，且监测维修困难，易因路基沉降、轨道变形等引发事故。

上述类型事故均具备预警难度大、涉及范围广、伤亡损失大、社会影响深远等特征，越来越受到科研和产业界的高度重视。铁路基础设施及运行环境监测系统，作为保障行车安全的重要手段和有效措施，可实现对铁路基础设施、自然致灾要素的状态感知、灾害辨识、预警和控制，能够有效预防或降低自然灾害、突发状况对铁路行车安全的危害[7-9]。

现有铁路基础设施及运行环境监测系统多采用"边缘感知-云端决策"模式，其根本问题在于过度中心化（"富中心-瘦边缘"），造成系统资源需求大、响应效率低、系统弹性差，本地决策应急资源不能高效利用，无法实现事件属性驱动的应急处置决策，难以适应我国铁路快速发展下铁路行车安全需求。此外，我国铁路防灾监测系统多由各区域（路局、铁路公司）自行设计建设，缺乏宏观层面上的架构设计，系统间相对独立、缺乏统一标准、数据共享差、互联互通程度低，系统性能参差不齐，且不利于统一管理与改造升级。作为典型复杂系统，铁路基础设施及运行环境监测系统内部结构、功能、技术多样，场景与需求复杂，亟需建立统一的顶层架构来指导我国铁路基础设施及运行环境监测系统的设计、建设与升级。

综上，本章在总结现有铁路基础设施及运行环境监测系统问题和发展需求的基础上，提出基于"边云协同"的新一代系统体系架构，该架构通过增加边缘侧计算、决策能力，实现事件属性驱动的预警决策，提高事件预警决策精准性和局部事件应急响应速度，减少全局资源浪费；通过边云、边边协同，实现整体逻辑结构可重构,边与云、相邻边互为冗余,大幅提升系统弹性。为铁路防灾监测系统在新技术条件下升级改造,发展面向灾害防护的铁路运行安全保障技术体系提供了新架构和新路径。

## 2.1 铁路基础设施及运行环境监测系统需求体系

需求体系主要从系统用户角度出发,结合监测对象特征,梳理系统的发展需求和建设目标,为系统功能、逻辑、物理架构设计提供指导。需求体系从构建过程上可分为两步:首先分类梳理系统用户,包括系统的服务对象、服务提供者和监管者;其次从用户角度出发,提出系统需求,构建系统需求体系。

### 2.1.1 铁路基础设施及运行环境监测系统用户分析

本节首先从服务对象、服务提供者和监管者三个角度出发,梳理铁路基础设施及运行环境监测系统的用户。在系统中,服务对象主要指铁路乘客或货主,系统的首要目的就是保护乘客、货主在途中的生命财产安全;服务提供者主要指铁路运营企业内部组织机构,包括调度部门、工务部门、机务部门等;监管者包括铁路运营企业内部的监管部门及外部监管部门,例如对于我国铁路主要指中国国家铁路集团内部监管部门及国家铁路局。

### 2.1.2 铁路基础设施及运行环境监测系统需求分析

在用户分类梳理的基础上,本节从不同用户角度出发,提取出系统发展需求及不足见表2-1。其中,旅客主要关注自身生命财产安全,其需求主要体现在系统能够有效保障行车安全,包括实时性、智能化、高弹性和全面性等方面;调度部门、工务部门等服务提供者在关注上述需求的基础上,增添对系统协同性、高效率的需求;而监管部门往往会提出安全环保等方面的需求,安全方面包括实时性、智能化、高弹性、全面性,环保方面包括节能性等。

综上,本节将现有铁路防灾监测系统的发展需求归纳为七个方面。其中,实时性、智能化(减少人为失误、提高应急响应速度)、高弹性、全面性(实现灾害全面监测)与铁路安全息息相关,属于首先满足的需求;协同性、高效率、节能性则与高效节能有关,属于尽量满足的需求。

在上述需求引领下,本书对现有铁路基础设施及运行环境监测系统不足进行研究[10,22],提出系统应急响应速度慢、整体弹性差、覆盖率低、通用性差、带宽受限、能耗高等不足,见表2-1。

**表 2-1　铁路防灾监测系统发展需求及不足**

| 类型 | 系 统 需 求 | 现存不足 | 不 足 分 析 |
|------|------------|----------|--------------|
| 保障行车安全 | 实时性：监测到基础设施故障、自然灾害后能实时通知列车限速停车，进行调度调整 | 应急响应效率低 | 现有系统边缘侧监测到基础设施故障、灾害发生后需上报至云端进行数据处理、决策，调度人员需根据报警信息，确认数据、通知列车、发布调度与列控限速命令，大大降低应急响应效率 |
| | 智能化：实现列车灾害信息、限速命令的自动发布，实现自主式运营，提高应急响应速度 | | |
| | 高弹性：系统在故障状态下可通过逻辑架构重构，完成主要规定功能 | 宜因故障失效 | 系统整体弹性差，当云端、边云传输网络任一环节出现故障，系统将面临失效 |
| | 全面性：可实现对铁路沿线关键区域和偏远地区的全面监测 | 覆盖率低 | 系统监测点无法覆盖全部区段，部分山区、峡谷、冻土等条件艰苦地带未设置监测点或设置密度不足 |
| 提升服务能力 | 协同性：各防灾监测系统间实现互联互通、数据共享 | 通用性差 | 各厂商设备制式与数据格式不兼容，系统间难以数据共享 |
| | 高效率：尽可能减少不必要的数据传输、处理，提高数据传输、处理效率 | 带宽受限 | 数据缺乏前期处理，数据量极大，造成传输带宽浪费 |
| | 节能性：尽可能减少能源消耗 | 能耗高 | 大量数据的传输、处理，导致系统能耗巨大 |

基于上述发展需求与系统不足，本书提出基于边云协同构建新一代铁路基础设施及运行环境监测系统。边云协同指云计算和边缘计算的协同，其优势见表2-2，相比现有"边缘感知-云端决策"的云计算模式，边云协同通过在数据源头（现场层）附近构建边缘计算平台，能够实现现场数据的实时、智能处理，满足系统安全可靠、高效节能等多方面发展需求，具有如下诸多优势[13-15,17]。

**表 2-2　边云协同优势比较分析**

| 类型 | 发展需求 | 现 有 系 统 | 边 云 协 同 |
|------|----------|--------------|--------------|
| 安全可靠 | 实时性 | 全部数据传输至数据中心处理后再响应，易因传输网络波动、计算资源限制等原因导致无法及时响应 | 可在边缘侧实现大量数据处理，减少数据传输和数据中心数据处理压力，提高应急响应效率 |

（续）

| 类型 | 发展需求 | 现 有 系 统 | 边云协同 |
|------|----------|------------|----------|
| 安全可靠 | 高弹性 | 当云端、边云传输网络任一环节出现故障，系统将面临失效 | 在系统某一环节故障后，可通过边云协同、边边协同保障系统正常运行 |
| | 智能化 | 需要调度人员短时间内大量操作，易造成人为失误 | 数据边缘侧处理，联通列控系统，自动发布命令并通知列车，提高应急响应速度，减少人为失误 |
| | 全面性 | 对网络环境的依赖性高，在山区、峡谷等关键地区与偏远地带，网络不稳定，影响系统运行 | 可以减少对网络环境的依赖，实现边缘侧能力均衡，可以在偏远地带正常运作与响应，保障铁路运行安全 |
| 高效节能 | 协同性 | 各路局自行建设，缺乏统一架构支撑，互联互通困难 | 构建共性的新一代系统架构，提高系统间数据、设备通用性 |
| | 高效率 | 全部数据均需要传输至数据中心进行处理，传输网络承载能力低，且降低设备生命周期 | 前端进行大量数据处理，缓解传输网络承载压力，适应铁路沿线数据快速增长的发展需要。局部事件不需要上报云端，减少不必要的全局资源浪费 |
| | 节能性 | 全部数据均需要传输至数据中心进行处理，能耗高 | 前端进行大量数据处理，减少数据传输能耗 |

# 2.2 基于边云协同机制的铁路基础设施及运行环境监测系统总体架构

本节介绍了铁路基础设施及运行环境监测系统功能体系，阐述了边云协同机制在铁路监测系统中的应用方式，并介绍了架构设计的总体结构与流程，为后续架构设计提供指导。

## 2.2.1 铁路基础设施及运行环境监测系统功能体系概述

铁路防灾监测系统主要对危及铁路行车安全的大风、大雨、大雪等自然灾害，异物侵限等突发状况，轨道变形、路基沉降等基础设施状态等进行实时监测、预警、报警，并对列车运行行为进行决策和控制，为应急救援、抢险维修等提供参考。

系统内部集成采集、传输、处理、决策、控制等功能。其中，采集功能指系统通过环境传感器、视频传感器、应力传感器、振动传感器等设备采集致灾要素信息；传输指系统通过通信传输网络进行数据传输；处理指系统对数据进行计算；决策指系统结合数据处理结果发出报警及行车管控信息；控制指系统辅助调度人员进行行车控制和调整。

## 2.2.2 基于边云协同机制的铁路基础设施及运行环境监测系统总体架构

如图 2-1 所示，现有铁路基础设施及运行环境监测系统一般模式即在铁路沿线关键区域布置传感器进行自然灾害和基础设施状态监测，将采集到的数据传输至数据中心进行处理，进行灾害辨识和预警，最后将结果传输至调度中心，由调度指挥人员做出决策并进行行车控制，其灾害报警与列车调度属于典型的中心化模式。

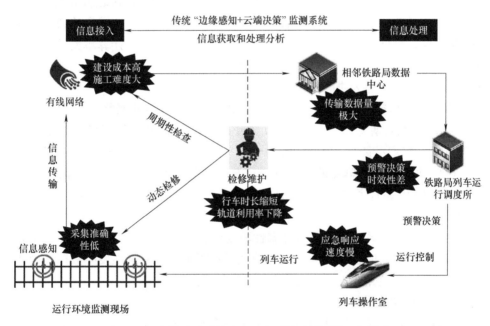

图 2-1 现有铁路基础设施及运行环境监测系统一般模式

这种模式下，云端集成绝大部分计算资源，承担几乎全部的处理、决策、控制功能，边缘侧发生的全部事件均需上报云端进行处理决策，无法实现事件的实时响应，响应效率低；边缘端缺乏计算资源，无法进行事件辨识，只能将全部数据上传云端处理，对于任一事件均需占据云端计算、边云传输等资源，造成不必要的资源浪费；且一旦边缘侧、云端、传输网络中任一环节出现问题，系统就会陷入失效，整体弹性差，严重影响系统灾害防护效能。

本节针对既有中心化架构的缺陷，提出一种边云协同、边边协同机制，并构建了基于该机制的铁路基础设施及运行环境监测系统总体架构。

（1）边云协同机制及特征

基于边云协同机制的铁路基础设施及运行环境监测系统具备"一云多边"的逻辑结构。其中"云"指系统数据处理及调度指挥中心，"边"指现场层灾害监测传感器就近接入的各个路侧计算单元。在新架构下，中心（"云"）将部分处理、决策、控制资源及相应功能下放至各个计算单元（"边"），各计算单元（"边"）可对本区域数据进行实时处理，实时辨识事件发生，实现区域自治。中心（"云"）则主要负责全局性数据处理与决策，可承担实时性要求低、复杂度较高的数据处理任务。

中心（"云"）和任一计算单元（"边"）间通过通信传输网络相连，实现中心（"云"）与计算单元（"边"）互操作。通过综合考虑事件区域影响范围、实时性需求以及数据处理复杂度，面向不同事件选择计算单元区域自治或中心统一决策，实现事件属性驱动的灾害预警决策。当中心或任一计算单元计算、存储等压力过大时，可通过计算、存储资源动态调度、任务动态分配，重构系统逻辑架构，实现"边云协同"。

两相邻计算单元（"边"）间建立"边-边"通信传输网络，实现计算单元（"边"）与计算单元（"边"）互操作。任一计算单元数据可传输至相邻计算单元，实现沿路网的数据备份；某一计算单元计算压力过大或出现故障时，可借助相邻计算单元的计算资源；某一计算单元与中心间传输网络故障后，可借助相邻计算单元间的通信传输网络实现信息交互，实现"边边协同"。

在该机制下，系统可实现事件属性驱动的预警决策，提升预警决策精准性和局部事件响应实时性，减少不必要的全局资源浪费；系统在发生故障后可重构逻辑架构，避免完全失效，大幅提升系统整体弹性。

（2）总体架构设计

铁路基础设施及运行环境监测系统是一个涵盖机、工、电、调度等多个业务领域，且由多个子系统构成的复杂系统。从系统设计的角度而言，需要构建宏观层面的总体架构，定义系统架构组成及其相互映射关系，以指导系统的设计和建设。本节基于上文提出的边云协同机制，构建新一代铁路基础设施及运行环境监测系统总体架构，有助于实现致灾要素状态的实时感知、实时辨识、实时管控，保障铁路行车安全，同时也为灾害机理研究、工程设计、规范制定和铁路运营管理提供支撑[20]。

系统架构就是对系统需求、内部实体及实体关系的抽象描述[21]，而总体架构设计就是在系统需求分析的基础上，研究系统为满足需求所必须具备的功能、组分及实体间结构，最终从功能、逻辑、物理层面建立系统模型，以指导系统建设。如图 2-2 所示，系统总体架构往往由需求体系、功能架构、逻辑架构、物理架构四部分组成的"一体系三架构"构成。

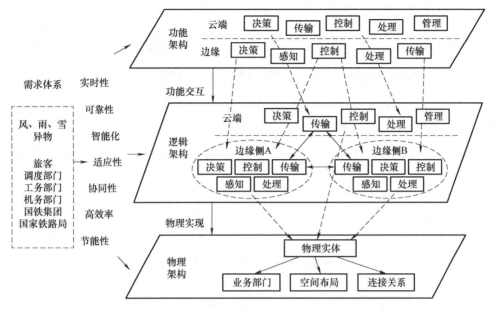

图 2-2　铁路基础设施及运行环境监测系统总体架构

首先，从监测对象、系统用户等角度出发，构建系统需求体系，在需求引领下对现有系统不足进行分析，引领后续功能、逻辑、物理架构的构建，保障架构设计的合理性和实用性；其次，对系统功能进行分类合并，构建系统功能架构；之后，研究面向不同业务需求，各功能间交互方式，即功能间的数据流流动过程，构建系统逻辑架构；最后，在系统需求引领下，完成从系统功能到系统物理实体的映射，研究系统功能在物理层面上的具体实现方式，包括系统业务部门、物理实体、空间布局及实体间连接关系等，构建系统物理架构。其中，需求体系从不同用户需求出发，统领功能架构、逻辑架构、物理架构的构建，而功能、逻辑、物理架构间存在相互映射关系，同样的逻辑架构也可用不同的物理架构实现。

由此，本书将对铁路基础设施及运行环境监测系统及现状进行分析，并基于边云协同构建系统功能架构、逻辑架构与物理架构，指导铁路基础设施及运行环境监测系统设计建设与升级改造，提高防灾资源的利用效率，实现系统互联互通，更好地保障铁路行车安全，为提升铁路基础设施及运行环境监测系统的安全性、自主性和互通性提供架构支撑。

## 2.3 基于边云协同的铁路基础设施及运行环境监测系统架构设计

本节在系统需求和总体架构设计的指导下，构建了铁路基础设施及运行环境监测系统功能架构、逻辑架构与物理架构，为系统的建设改造提供架构支撑。

### 2.3.1 铁路基础设施及运行环境监测系统功能架构设计

系统功能架构主要研究系统所必须具备的功能及功能分层关系，总体来说可分为两步：①首先从系统需求出发对系统内部功能进行分类合并，构建系统功能体系；②结合功能需求特点与资源分布等情况，研究边云协同机制下系统功能分布[18,19]。

本节首先从系统业务流程出发，对铁路基础设施及运行环境监测系统内部功能（活动）进行抽象提取和归纳总结[11,12,16,23,24]：首先，系统需要对现场气象、异物侵限情况及基础设施状态等进行实时监测和数据采集，需要具备一定的"感知"功能；之后，现场层感知到的原始数据需要通过"处理"功能进行数据计算；得到计算结果后，需进一步分析判断，并给出相应的灾害等级及行车控制方案或维修方案，即"决策"功能；在明确灾害等级或相关方案后，需下达相关指令，执行行车控制、抢险维修等操作，即"执行"功能；此外，数据/信息需要在现场层、数据中心、调度中心等各处进行流转，需要系统具备一定的"传输"与"管理"功能。由此，本节通过抽象提取和归纳总结，得到系统"感知、传输、处理、决策、执行、管理"六大功能体系，并构建系统功能体系见表2-3。

**表2-3 铁路基础设施及运行环境监测系统功能体系**

| 一级功能 | 二级功能 | 三级功能 |
|---|---|---|
| 感知 | 感知自然灾害 | 大风感知、大雨感知、大雪感知 |
| | 感知突发状况 | 异物侵限感知 |
| | 感知基础设施状态 | 线路、桥梁、隧道钢轨及路基状态感知 |
| 传输 | 传输数据/信息 | 灾害监测数据、基础设施状态数据<br>报警预警信息、行车控制信息 |
| 处理 | 数据预处理 | 灾害监测数据、基础设施状态数据 |
| | 数据处理 | 灾害监测数据、基础设施状态数据 |
| | 数据存储 | 灾害监测数据、基础设施状态数据<br>报警预警信息、行车控制信息 |

（续）

| 一级功能 | 二级功能 | 三级功能 |
|---|---|---|
| 决策 | 灾害报警/确认 | 风雨雪报警、异物侵限报警、基础设施故障报警 |
| | 故障报警/确认 | 基础设施故障 |
| 执行 | 行车控制 | 发布灾害信息、发布行车控制<br>设置限速停车、行车调度调整 |
| | 设施设备维修 | 发布设施设备故障信息 |
| | 抢险救援 | 发布抢险救援信息 |
| 管理 | 系统管理 | 数据查询维护、用户权限管理、日志管理<br>系统参数配置、模型算法更新、系统数据共享 |

在现有铁路基础设施及运行环境监测系统中，现场层（边缘侧）主要承担全部的感知功能，以及部分传输、执行功能，绝大部分的处理、决策及行车控制功能均由数据中心、调度中心（云端）承担。而本书基于边云协同构建新架构，主要通过增加边缘端的数据处理、决策及行车控制功能，实现边缘侧局部事件实时处理、实时响应，从而提高系统的应急响应速度和服务能力，更好地保障铁路行车安全。由此，本书结合不同功能的实时性、全局性、周期性需求，参考相关边云协同监测系统功能分布[17]方式，在对铁路防灾系统现有资源调研的基础上，将系统功能在边云间分配，构建基于边云协同的铁路基础设施及运行环境监测系统功能架构如图2-3所示。

## 2.3.2　铁路基础设施及运行环境监测系统逻辑架构设计

在边云协同机制下，面向不同的应用场景，系统功能间的交互协作方式也会存在差别。逻辑架构设计就是研究不同应用场景下，系统内部功能的交互组织方式，即数据/信息流在不同功能间的流动交互过程。其构建过程可分为两步：①分类梳理铁路基础设施及运行环境监测系统的不同应用场景，构建不同场景下的系统功能域；②研究不同场景下的边云协同机制，以及各功能间数据产生或使用关系，构建系统逻辑架构。

如表2-4所示，铁路基础设施及运行环境监测系统功能域及功能单元从应用场景上可分为八类：分别为日常灾害监测、故障监测报警、灾害报警、紧急灾害报警、系统管理、数据备份、动态调度、故障状态传输。不同应用场景对应一种功能域，不同功能域下涉及不同的功能单元。

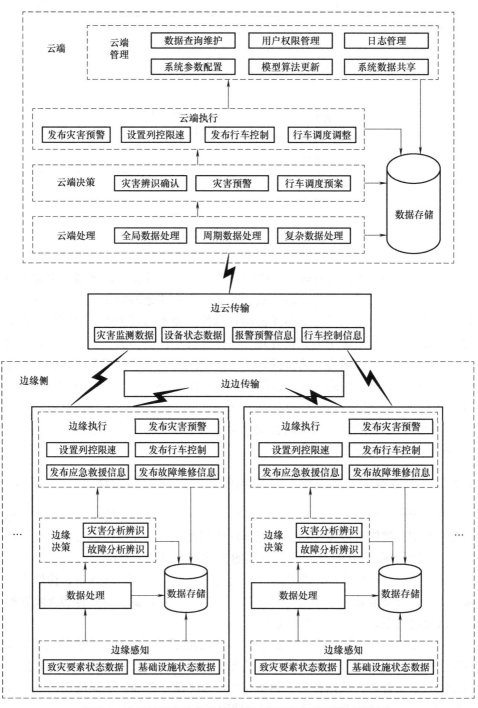

图 2-3　边云协同铁路基础设施及运行环境监测系统功能架构

表 2-4　不同应用场景下系统功能域、功能单元划分

| 功能域 | 功能单元 | 功能域 | 功能单元 |
|---|---|---|---|
| 日常灾害监测 | f1 致灾要素感知 | 灾害报警 | f16 云端发布行车控制信息 |
| | f2 边缘侧数据处理 | | f17 云端进行行车调度调整 |
| | f3 边缘侧灾害信息辨识 | | f9 云端数据存储 |
| | f4 边缘侧数据存储 | 紧急灾害报警 | f1 致灾要素感知 |
| | f5 边云间数据传输 | | f2 边缘侧数据处理 |
| | f6 边边间数据传输 | | f3 边缘侧灾害信息辨识 |
| | f7 云端数据处理 | | f14 边缘侧发布行车控制信息 |
| | f8 云端灾害信息辨识确认 | | f18 边缘侧发布应急救援信息 |
| | f9 云端数据存储 | | f4 边缘侧数据存储 |
| 故障监测报警 | f10 设备状态感知 | | f5 边云间数据传输 |
| | f2 边缘侧数据处理 | | f6 边边间数据传输 |
| | f11 边缘侧设备状态辨识 | | f7 云端数据处理 |
| | f12 边缘侧发布设备故障信息 | | f8 云端灾害信息辨识确认 |
| | f4 边缘侧数据存储 | | f17 云端进行行车调度调整 |
| | f5 边云间数据传输 | | f9 云端数据存储 |
| | f6 边边间数据传输 | 系统管理 | f19 云端系统管理 |
| | f9 云端数据存储 | 数据备份 | f4 边缘侧数据存储 |
| 灾害报警 | f1 致灾要素感知 | | f5 边云间数据传输 |
| | f2 边缘侧数据处理 | | f6 边边间数据传输 |
| | f3 边缘侧灾害信息辨识 | | f9 云端数据存储 |
| | f13 边缘侧发布预警信息 | 动态调度 | f1 致灾要素感知 |
| | f14 边缘侧发布行车控制信息 | | f5 边云间数据传输 |
| | f4 边缘侧数据存储 | | f6 边边间数据传输 |
| | f5 边云间数据传输 | | f7 云端数据处理 |
| | f6 边边间数据传输 | | f8 云端灾害信息辨识确认 |
| | f7 云端数据处理 | | f2 （临近）边缘侧数据处理 |
| | f8 云端灾害信息辨识确认 | 故障状态传输 | f6 边边间数据传输 |
| | f15 云端发布预警信息 | | f5 边云间数据传输 |

其中，日常监测指铁路基础设施及运行环境监测系统对致灾要素状态进行实时监测，但并未监测到灾害发生；故障监测报警指系统运行过程中发生设备故障，向工务部门发布设备故障报警；灾害报警指系统监测到风、雨、雪发生，但可以通过控制列车降速应对；紧急灾害报警指监测到严重风、雨、雪或异物

侵限灾害，需要控制列车停车，并开展应急抢险救援；系统管理主要指管理人员和系统间的人机交互，包括数据查询、权限更改、参数配置、模型更新等；数据备份指边缘侧数据定时传输给云端及临近边缘侧；动态调度指某一边缘侧计算压力过大时，将数据实时传输至临近边缘侧或云端进行数据处理；故障状态传输指某一边缘侧与云端之间的传输通道故障时，通过边边传输将数据/信息传输至临近边缘侧再传输至云端。

通过上述功能域梳理，本节得到共 19 个不同的功能单元，为方便后续描述，用 f1~f19 将其编号。可以明显发现 f1，f10，f19 是数据的产生单元，外界数据/信息通过这些单元进入系统；f2~f9，f11 是数据的操作单元，对数据进行各种操作；f12~f18，f19 是数据的输出单元，通过发布新的数据/信息对系统环境产生影响。

在应用场景划分的基础上，本节对系统不同场景下的逻辑交互关系（数据/信息流动过程）进行抽象提取。

可以明显看出，不同场景在处理需求上各具特色，本节从全局性、实时性、周期性[17]三方面入手，重构边云协同机制下的逻辑交互关系。其中云端主要负责全局性、非实时、长周期的业务处理与分析，能够在灾害预警、调度调整等领域发挥优势；边缘侧更适用局部性、实时、短周期的业务处理与分析，能更好地支撑实时智能化灾害响应与执行。

由此，本节构建边云协同机制下，不同应用场景下的系统逻辑交互关系如图 2-4 所示。其中，圆圈代表不同功能单元，箭头代表数据/信息流向，虚线代表边缘侧、云端边界，实线代表系统边界。

日常灾害监测中，边缘侧感知致灾要素信息，进行实时数据处理与灾害辨识，确认无灾害发生后，传输至云端及临近边缘侧。云端结合大范围、长时间的数据处理分析，进一步辨识是否发生灾害。临近边缘侧沿路网实现数据备份，且可结合临近边缘侧数据、信息进行灾害辨识。

故障监测报警中，边缘侧实时感知基础设施运行状态，进行实时数据处理和设备状态辨识，当监测到设备故障后，将灾害监测信息传输至云端或临近边缘侧进行处理、决策，并发出故障维修信息。

灾害报警中，存在两种边云协同机制：一种是边缘侧监测到灾害发生后，发出灾害预警并上传云端，云端结合全局周期数据进行进一步分析，确认灾害预警并控制行车；另一种为边缘侧未监测到灾害发生，云端结合全局周期数据处理分析后，预警灾害发生并下达边缘侧，边缘侧监测到灾害信息后可直接控制行车并上报云端。

紧急灾害报警中，边缘侧监测到异物侵限或严重风、雨、雪灾害发生，实时控制列车停车，发出应急救援信息并上报云端，云端对灾害信息进一步分析

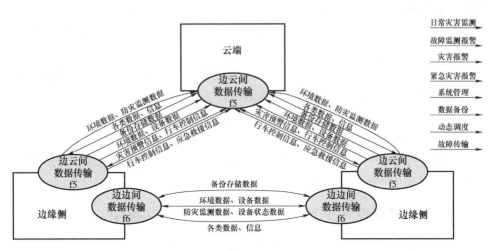

a) 边云、边边间逻辑交互

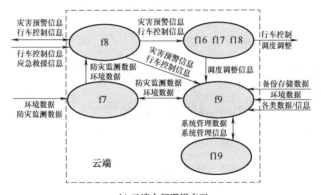

b) 云端内部逻辑交互

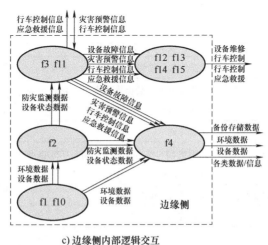

c) 边缘侧内部逻辑交互

图 2-4　边云协同铁路基础设施及运行环境监测系统逻辑交互关系

确认，发出全局行车调度调整信息。

系统管理中，云端管理人员发出数据查询、参数配置、模型更新等信息，与系统实现人机交互。

数据备份中，边缘侧可在维修天窗期等传输网络带宽占用少的时期将本区域数据传输至云端及临近边缘侧，实现数据灾备。

动态调度中，边缘侧在计算压力过大时，可选择直接将环境数据传输至云端或临近边缘侧进行数据处理。

故障状态传输中，某一边缘侧在与云端之间的传输通道故障时，通过边边传输将数据/信息传输至临近边缘侧再传输至云端。

### 2.3.3 铁路基础设施及运行环境监测系统物理架构设计

物理架构主要研究系统功能的具体实现方式，包括各功能单元对应的业务部门、物理实体、空间分布、连接关系等。如表2-5所示，本节对系统各功能端对应的业务部门、物理实体及空间分布进行归纳总结[11,12,23,24]。从连接关系上，如图2-5所示，系统可分为现场层、边缘层、交互层、云端层四层。

表2-5  各功能端对应的业务部门、物理实体及空间分布

| 功能单元 | | 业务部门 | 物理实体 | 空间分布 |
|---|---|---|---|---|
| 边缘 | 感知 | - | 风速风向传感器、降雨传感器、降雪传感器、异物侵限传感器、应力传感器、振动传感器等 | 铁路沿线关键地区 |
| | 处理 | - | 边缘计算主机（含各监测功能模块）、电源、机柜 | 铁路路侧计算单元 |
| | 决策 | - | | |
| | 控制 | - | 继电器、CTC系统、RBC系统 | |
| | 存储 | - | 磁盘阵列 | |
| | 救援 | 机务部门 | 应急救援终端、应急救援队 | 临近机务段 |
| | 维修 | 工务部门 | 维护终端与维修人员 | 临近工务段 |
| 云端 | 处理 | - | 应用服务器、数据库服务器、接口服务器、时钟服务器、网络设备 | 路局数据中心 |
| | 存储 | - | 磁盘阵列 | |
| | 决策 | 调度部门 | 行调终端、路由器、交换机、UPS以及调度指挥人员 | 路局调度中心 |
| | 控制 | 调度部门 | CTC系统、RBC系统 | |
| | 管理 | 信息部门 | 信息管理终端 | |
| 传输 | 传输 | 电务部门 | 电缆、光纤、无线传输网络、CTC系统、RBC系统 | 各物理实体及部门之间 |

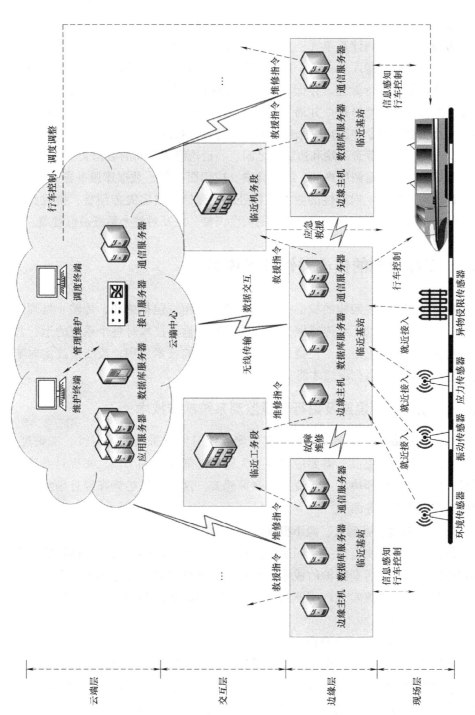

图 2-5 边云协同铁路基础设施及运行环境监测系统物理架构

现场层：用于现场灾害信息感知，由风速、雨量、雪量、地震、异物、应力、振动、轨距传感器等监测设备组成，各类型传感器就近接入路侧计算单元。

边缘层：由路侧计算单元、工务段、机务段三部分组成。其中，计算单元内含边缘主机、数据库服务器、通信服务器、继电控制器等，用于对现场采集设备采集的数据进行处理、存储、决策、传输和行车控制；工务段负责对应区域设备维修，接收维修指令并通知维修人员进行设备维修；机务段设置安全救援队，接收救援指令并通知应急救援人员进行抢险救援。

交互层：主要负责云端和边缘侧之间、临近边缘侧之间的数据交互传输。

云端层：主要由调度终端、维护终端、应用服务器、数据库服务器等组成。主要负责对全局性、周期性的数据进行处理、存储，做出灾害预警，接收实时灾害信息、行车控制信息并进行相应的调度调整，以及对整个系统进行管理。

## 2.4　支撑架构的核心关键技术体系

本节对支撑上述架构的核心关键技术进行介绍，包括感知、传输、处理等技术。可以发现，以无线传感网为代表的感知传输类技术对整个系统的运行具有重要保障作用，正是基于便捷部署自组网的传输技术应用，监测系统实时响应、智慧决策等一系列设想才能实现。

### 2.4.1　铁路基础设施及运行环境监测系统感知技术

未来，铁路基础设施及运行环境监测系统对信息采集的实时性、准确度、完整度的要求将会更高，需要应用各类先进的感知技术和手段，实现对铁路基础设施状态、气象环境状态等要素的全面感知。这种发展趋势在信息采集上主要体现在以下 4 个方面[25-26]。

**1. 高灵敏度、强耐久、微小型传感器**

传感器的灵敏度直接关系到采集数据的准确性，传感器的耐久性影响了传感器的使用年限、后期维护的成本与稳定性，微型尺寸的传感器更适合在路面中铺设与工作。注重实现传感器的高灵敏度、强耐久性与微小尺寸规格成为发展中的重要部分。

**2. 多类型传感器融合应用**

不同类型的采集技术在采集信息类型、环境适应性等方面各有优劣，视觉传感器网络将不同类型传感器进行组合，能够采集到更为精准多样的交通信息。并且随着光学传感器工艺和图像处理技术的提高，计算机技术、通信、信息技术的不断发展，交通信息采集类传感器将会实现更长远的发展目标。

**3. 智能相机发展**

近年来，随着计算机图像处理和智能识别技术的不断突破和完善，越来越多的新方法和数学工具被运用于这一领域，利用机器视觉信息采集装置来进行信息采集，已成为该领域的重要发展方向。基于图像/视频的交通信息采集技术正朝着智能化、网络化、集成化、实时性、视觉检测立体化等方向发展。

**4. 无人化设备应用**

随着人工智能的不断发展，各种无人化设备在交通监控、信息采集等方面开始发挥越来越大的作用。以无人机为例，通过装载传感器和摄像机、照相机，可以在空中及时获取制定路段或区域的交通信息。与一般意义上的视频采集技术相比，无人机在保留视频采集交通信息时的优点的同时，还具有快速到达、不受地面状况干扰等独特的优势。

## 2.4.2　铁路基础设施及运行环境监测系统传输技术

现有铁路基础设施及运行环境监测系统，在信息传输上通常采用有线传输和无线传输相结合的形式，其通过光纤、电缆将传感器和路侧通信基站相连，再利用基站通过专用无线通信网络将数据传输至数据中心进行处理、分析。

这一模式导致在现场侧布设传感器时，往往需要耗费更多的精力布设传感器与基站相连的传输线缆，导致系统建设成本高昂、建设维修不便且扩展性差，这也成为信息传输乃至整个铁路基础设施及运行环境监测系统全生命周期开发过程中的一大发展瓶颈。为解决这一问题，本书提出利用无线传感网[27-29]这一感知传输技术，减低系统建设改造难度，提升系统整体性能，以满足系统安全化、高效化、智能化发展需求。

无线传感网（Wireless Sensor Network，WSN）是由一组传感器以 Ad Hoc 方式构成的无线网络，其目的是协作地感知、采集和处理网络覆盖的地理区域中感知对象的信息，并发布给观察者[27-29]。近年来，相关技术发展迅速，并成功应用在环境监测、军事敌情探测、智能电网监测、医学健康监测及智能交通系统监测等多个领域，传感网技术的快速发展和广泛应用将为各系统的实时监测提供强有力的技术支撑，有效提升系统的可靠性和安全性。由于我国幅员辽阔，随着铁路路网不断扩张，未来更多的铁路将穿越高原、丘陵、戈壁等自然环境极端且偏远的地区，采用传统有线监测方式对铁路沿线进行监测存在成本高、部署复杂、维护难度大、网络通达性差等问题。无线传感网技术具备易安装、易维护、易扩展、易组网等特征，通过无线传感网作为现有监测设备的补充与升级，使得铁路状态监测系统具有更好的维护性、扩展性，提高系统鲁棒性。无线传感网作为感知、通信的关键技术，将在未来铁路基础设施及运行环境监测系统中发挥越来越重要的作用。

### 2.4.3 铁路基础设施及运行环境监测系统处理技术

数据处理是从大量的原始数据抽取出有价值的信息，即数据转换成信息的过程。主要对所输入的各种形式的数据进行加工整理，从中抽取并推导出对于某些特定的人们来说是有价值、有意义的数据。

信息通信技术的发展，使铁路从数据贫乏转向数据丰富的大数据时代，交通相关的数据量级已从 TB 级别跃升到 PB 级别乃至 ZB 级别[30-31]。前期采集到的铁路基础设施及运行环境信息繁杂多样，数据也具有巨量性、多源异构性、层次性等突出特点。如何对其进行准确、高效的处理、分析及预测成为系统发展的关键问题。

随着大数据时代的来临，各种应对大数据处理的解决方案应时代而生，从最初雅虎创建了一个用于管理、存储和分析大量数据的分布式计算平台 Hadoop，到后来一些实时处理平台如 S4、Storm 等随之产生[32]。面向智慧交通系统的交通大数据处理系统也有诸多应用。通过大数据挖掘、移动互联以及云计算技术，实现可视化监管、实时分析以及信息交互等功能，依托于系统、高效的计算中心与专业的处理工具，对数据进行实时的处理，在密度较低的数据链中提炼出高价值的信息，为智能平台的决策提供可靠的参考。现阶段，数据处理的软件系统主要包括 Hadoop，HPCC，Storm，ApacheDrill，RapidMiner，PentahoBI 等。

数据存储方面，铁路基础设施及运行环境监测平台的数据存储可使用关系型的传统数据库以及 HDFS，HBase，NoSQL 数据库等。HDFS 适用于非结构性的文件存储，存储量大；HBase 属于分布型的存储系统，可以存储开源数据与非结构化数据；NoSQL 类型的数据库主要存储对象是非结构化的无模式数据，可以最大限度地支持云计算技术应用[33]。

## 2.5 本章小结

本章针对铁路防灾监测系统提高应急响应速度、保障行车安全、提升服务能力和系统弹性等发展需求，面向系统现场层数据量爆发式增加的发展趋势，提出基于边云协同机制重构铁路防灾监测系统架构，具备全局资源需求小、边缘感知-计算-决策能力均衡、对传输网络承载能力要求低、逻辑结构可重构、局部事件响应快和系统高弹性等特征，可保障事件驱动的预警决策精准性和时效性，为各路局防灾监测系统数据联通与升级改造提供指导。通过构建系统功能、逻辑与物理架构，对接铁路安全化、智能化发展需求，为铁路在新技术条件下发展面向灾害防护的铁路运行安全保障技术体系提供了新架构和发展路径。

# 参 考 文 献

［1］ HAN C. Research on the relationship between railway network development and economic growth in central China［C］. 2017 IEEE 18th International Conference on Parallel and Distributed Computing, Applications and Technologies（PDCAT）, 2017：238-242.

［2］ 孙永福，何华武，郑健，等. 中国铁路"走出去"发展战略研究［J］. 中国工程科学，2017, 19（5）：1-8.

［3］ 王同军. 智能铁路总体架构与发展展望［J］. 铁路计算机应用, 2018, 27（7）：1-8.

［4］ 陈俊虎，丁玉寿. 成昆线利子依达泥石流［J］. 铁道建筑, 1982（12）：14-18.

［5］ 张家启. 瞬间大风造成车辆脱轨南疆铁路已恢复运输［N］. 人民铁道, 2007-03-01（A01）.

［6］ 何勇，孙超. "3·30"火车脱轨侧翻事故造成1人遇难4人重伤123人轻伤［N］. 人民日报, 2020-03-20.

［7］ 王彤. 高速铁路防灾安全监控系统研究与开发［J］. 中国铁路, 2009（08）：25-28.

［8］ XIONG J, ZHU L, QIN Y, et al. Railway snow measuring methods and system design［C］. Proceedings of the International Conference on Electrical and Information Technologies for Rail Transportation, Springer, Berlin, Heidelberg, 2016：821-831.

［9］ PASIAN M, BARBOLINI M, DELL'ACQUA F, et al. Snowpack monitoring using a dual-receiver radar architecture［J］. IEEE Transactions on Geoscience and Remote Sensing, 2018, 99：1-10.

［10］ 李晓宇，刘敬辉. 高速铁路自然灾害及异物侵限监测系统可靠性分析与优化研究［J］. 中国铁路, 2019（5）：27-32.

［11］ 王俊，王江丽. 高速铁路防灾安全监控系统设计［J］. 中国安全科学学报, 2018, 28（S1）：39-45.

［12］ WANG L. Monitoring and warning system analysis of rail transportation in gale weather［J］. Logistics：The Emerging Frontiers of Transportation and Development in China, 2009：3760-3765.

［13］ MÄKITALO N, OMETOV A, KANNISTO J, et al. Safe, secure executions at the network edge：coordinating cloud, edge, and fog computing［J］. IEEE Software, 2018, 35（1）：30-37.

［14］ APOLÓNIA N, FREITAG F, NAVARRO L, et al. Gossip-based service monitoring platform for wireless edge cloud computing［C］, 2017 IEEE 14th International Conference on Networking, Sensing and Control（ICNSC）. IEEE, 2017：789-794.

［15］ SHEKHAR S, CHHOKRA A D, BHATTACHARJEE A, et al. Indices：exploiting edge resources for performance-aware cloud-hosted services［C］. IEEE 1st International Conference on Fog and Edge Computing（ICFEC）, 2017：75-80.

［16］ GUPTA H, VAHID D A, GHOSH S K, et al. iFogSim：a toolkit for modeling and simulation of resource management techniques in the internet of things，edge and fog computing environments［J］. Software：Practice and Experience，2017，47（9）：1275-1296.

［17］ AII，ECC. 边缘计算与云计算协同白皮书2.0［R/OL］.［2020-12］. http://www.ecconsortium.org/Uploads/file/20201211/1607671676737933. pdf

［18］ 贾利民，王卓. 铁路智能运输系统设计优化理论与方法［M］. 北京：中国铁道出版社，2006.

［19］ 秦勇，孙璇，马小平，等. 智能铁路2.0体系框架及其应用研究［J］. 北京交通大学学报，2019，43（1）：138-145.

［20］ 张卫军. 防灾安全监控系统在高速铁路中的应用［J］. 铁道通信信号，2010，46（6）：80-81.

［21］ EDWARD C，BRUCE C，DANIEL S. 系统架构：复杂系统的产品设计与开发［M］. 爱飞翔，译. 北京：机械工业出版社，2016.

［22］ 刘金鹏. 浅议高速铁路防灾系统的不足与优化［J］. 科技视界，2014（4）：339-340.

［23］ 令狐勇生，李亚群，杜亚宇. 高速铁路灾害监测系统太原铁路中心系统解决方案［J］. 中国铁路，2017（6）：83-88.

［24］ 李斌. 基于边云协同技术的高速铁路"工电供"综合运维一体化管理平台研究与探索［J］. 电信科学，2019，35（S2）：77-83.

［25］ 高畅，金珊珊. 传感器在交通信息采集中的应用现状研究［J］. 传感器世界，2020，26（5）：18-23.

［26］ 周婷，商林. 智能交通背景下交通信息采集技术介绍［J］. 四川水泥，2019（8）：133-134.

［27］ 石军锋，钟先信，陈帅，等. 无线传感器网络结构及特点分析［J］. 重庆大学学报（自然科学版），2005（2）：16-19.

［28］ 王骥，林杰华，谢仕义. 基于无线传感网络的环境监测系统［J］. 传感技术学报，2015，28（11）：1732-1740.

［29］ 魏佳杰，郭晓金，李建寰. 无线传感网发展综述［J］. 信息技术，2009，33（6）：175-178.

［30］ 孟小峰，慈祥. 大数据管理：概念、技术与挑战［J］. 计算机研究与发展，2013，50（1）：146-169.

［31］ 张红，王晓明，曹洁，等. 基于大数据的智能交通体系架构［J］. 兰州理工大学学报，2015，41（2）：112-115.

［32］ 周为钢，杨良怀，龚卫华，等. 大数据处理技术在智能交通中的应用［C］. 中国智能交通协会，第八届中国智能交通年会优秀论文集——智能交通与安全. 2013：10.

［33］ 李丽萍，孙梦琳. 云计算及大数据技术在智能交通中的应用［J］. 经济研究导刊，2020（16）：164-165.

# 第3章 基于无线传感网（WSN）的铁路基础设施及运行环境状态监测系统的关键技术

铁路基础设施覆盖范围大、运行环境复杂多样，面向铁路基础设施及运行环境状态监测的对象种类繁多，且对监测实时性、环境适应性、稳定性有较高的要求；而无线传感网具备环境适应性强、部署维护难度低、成本低、扩展性好等特性，能更好满足铁路基础设施及其运行环境状态监测不断发展的需求，具有很好的应用前景与发展空间。

本章首先介绍了无线传感网的定义，以及无线传感网的特征、优势及其在相关领域的应用现状，深入分析了无线传感网在铁路基础设施及其运行环境监测领域的应用现状及其问题，构建了基于无线传感网的铁路基础设施及运行环境监测系统，最后对无线传感网技术在该系统应用的关键技术问题进行总结。

## 3.1 WSN 概述

20 世纪 90 年代以来，随着嵌入式系统、无线通信、网络及微电子、分布式信息处理等技术的快速发展，传感器技术向微型化、无线化、数字化、网络化、智能化方向迅速发展，具有感知、计算和无线网络通信能力的传感器及由其构成的无线传感网（Wireless Sensor Network，WSN）引起了人们的极大关注。WSN 首先利用各类集成化的微型传感器对监测对象信息进行采集，然后基于嵌入式系统对信息进行处理，最后通过自组织无线通信网络将信息传送到用户终端，从而真正实现"无处不在的计算"理念，是传感器技术、嵌入式计算技术、无线通信技术、分布式信息处理技术的集大成者[14]。

### 3.1.1 WSN 的定义与结构

#### 1. 无线传感网的定义

无线传感器网络（WSN）是一种由集成有传感器、数据处理单元和通信模块的微小节点通过自组织方式构建的网络，能够借助节点内置的传感器，实时感知节点部署区中感知对象的各种信息（如光强、温度、湿度、噪音和有害气体浓度等物理现象），并对这些信息进行处理后以无线的方式发送给观察者[5]。

### 2. 无线传感网结构

如图 3-1 所示，一个典型的、完整的无线传感网络系统由以下几部分组成：负责信息感知、数据处理及无线传输的无线传感网节点；负责传感信息汇集的无线传感网汇聚节点；连接无线传感网与外部网络的网关；负责消息中转的基站和负责信息处理的数据中心/服务器。无线传感网主要负责将感知到的监测对象的物理或者化学信息通过无线传感网准确地传输到远程数据中心或者服务器，用于监测对象状态评估和态势预测[7]。

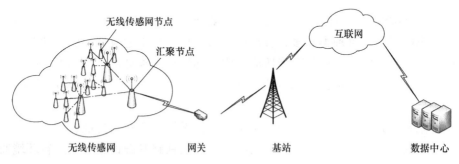

图 3-1　无线传感网结构图

## 3.1.2　WSN 的特点

无线传感网的提出改变了传统单一传感器定时、定点监测的模式，实现对观测对象、观测环境的协作式感知，获取多层级、多角度观测数据，同时提供数据处理、网络传输等功能，突破了有线传感器的局限性。同时，无线传感网具备自组网功能，无线传感器节点可根据数据采集的需求进行安装、铺设，受安装时间、安装地点、天气等因素的限制较小。综上所述，无线传感网的特点概括如下[8-11]：

1）灵活性好、环境适应性强。无线传感器组网不依靠固定的网络设施，各传感器节点通过分布式网络协议搭建自组织网络，自适应实现传感器节点的接入、断开，能随时随地根据应用场景需求进行布设。

2）成本低、易部署。无线传感器体积小、集成度高、成本低，采用模块化设计，方便大规模使用、部署与维护。

3）精度高、容错能力强。无线传感器种类多、传感器冗余性高，通过多个传感器能获取更精确的数据；当无线传感网局部发生故障时，整体无线传感网仍能正常工作。

4）安全性低。无线传感器网采用无线方式进行信息传递，在传递信息过程中容易被外界入侵，从而导致信息泄露和网络损坏；而且大部分无线传感网节点都暴露在外，大大降低了无线传感网的安全性。

5）续航能力差、带宽窄。无线传感器节点大多采用电池供电，续航能力有限，且许多场景中无法更换电池；同时无线传感网的传输带宽也很低，因此针对无线传感网节点的能量管理和带宽优化尤为重要。

### 3.1.3　WSN 应用领域

无线传感网是一种分布式的传感器网络，通过无线通信的方式收集、汇总无线传输网络覆盖区域内各个节点的信息。低成本、低功耗，简单易用的无线传感网在推进我国各行各业智能化发展发挥了重大的作用。近年来，无线传感网技术发展迅速，并成功应用在环境监测[17]、军事敌情探测[18]、智能电网监测[19]、医学健康监测[20]及智能交通系统监测[21]等多个领域，传感网技术的快速发展和广泛应用将为各系统的实时监测提供强有力的技术支撑，有效提升系统的可靠性和安全性。以下简要介绍无线传感网技术在典型领域的应用现状：

（1）在生态环境监测领域中的应用

在生态环境监测方面，无线传感网可用于监测区域性的气温、湿度、降水、地表植物状态等。通过多种无线传感器自组网配合，大范围、连续监测降雨量、水文条件、地面植物状态、土壤条件等多个参数，实现对山体滑坡、洪涝灾害等极端自然环境的预警[5]。

（2）在工业生产监测中的应用

在工业生产方面，无线传感网主要用于危险、恶劣工作环境的监测，例如煤矿坑洞监测、石油天然气开采环境监测等，提升对工业生产中危险情况的应急响应速度，保障工人生命安全。

（3）在医学健康监测中的应用

医学健康监测中常用的无线传感网类型有穿戴式、植入式、吞咽药丸式等[18]。在医疗监护中，通过无线传感器节点实时、全天候采集患者各项生命体征参数，经汇聚节点发送至数据中心，由医务人员进行实时远程监护。特别是在疫情环境下，通过无线传感网实现医患无接触的监护，可大大降低医疗暴露风险。

（4）在城市智能交通监测中的应用

现有的智能交通系统通过线圈、摄像头等多种传感器采集交通流量、速度、排队长度等交通信息，采用无线传感网技术可有效提升智能交通系统交通信息采集与传输效率。哈佛大学的 CitySense 项目采用无线传感网监测道路交通信息[21]；国内专家采用无线传感网进行高速公路交通运行环境监测，实现对路面结冰、事故拥堵和其他危险情况的精准预警。

### 3.1.4　WSN 在铁路基础设施及其运行环境监测中的应用现状

我国的铁路建设与运行环境复杂多样，施工和维修作业的天窗时间短，为保障列车运行安全，需要对列车运行基础设施及周边运行环境状态等进行有效监测。针对铁路沿线传感器感知数据的有效收集、实时可靠传输是铁路基础设施及其运行环境状态监测中的一个难题，无线传感网在铁路基础设施及其运行环境监测中已得到初步的部署应用，取得了一定的安全保障效果[21-28]。

**1. 无线传感网在铁路基础设施状态监测中的应用现状**

铁路基础设施健康状况对列车运行的稳定性和安全性有重要影响，随着运营时间增长和内外部运行环境的影响，铁路基础设施设备状态会发生磨损或者老化，将对列车的安全行驶造成严重威胁。目前铁路基础设施监测系统已配备有线传感器来监测轨道、路基、主变电站、控制中心等相关状态，而有线监测系统存在布线繁杂、检修维护困难、使用代价昂贵等问题。无线传感网以其便捷部署、灵活使用的优势，为铁路基础设施监测系统改造升级提供了全新的解决方案。

无线传感网在铁路桥梁健康监测中得到成功部署应用，由于环境载荷、风化腐蚀、材料老化等因素影响，铁路桥梁面临着水害、斜拉索及吊索锈蚀、桁架桥螺栓断裂、钢梁桥裂纹、桥梁横向刚度偏弱等问题[29]。铁路桥梁的监测、养护需要在夜间进行，天窗时间短，施工操作困难。通过安装无线传感器采集桥梁自振频率、振型、模态阻尼比、动应力、动力系数、轮重满减率、轮轨横向力等参数，将采集到数据信号，通过汇聚节点，传输到铁路管理数据中心，对铁路桥梁进行动力特性测试、动力响应测试、轮轨力测试；铁路管理数据中心将根据分析结果回传给现场维修部，维护工人将根据问题进行整改与处理；将大大降低监测的难度，同时有效提升系统的安全性和可靠性。

**2. 无线传感网在铁路运行环境状态监测中的应用现状**

在地质灾害多发区域运营的铁路易受到边坡坍陷、路基沉降和滚石、滑坡等大型异物侵限的威胁，给列车行车安全带来巨大隐患。无线传感器在铁路运行环境监测中的应用主要有两类：①用于铁路沿线气象环境状态监测的温度、雨量、风力传感器；②用于铁路异物侵限监测的压力、光学传感器。

以青藏铁路冻土监测为例，青藏铁路所处高原冻土层的稳定性易受气候因素和铁路运行状态的影响，具体表现为冻土层水热状态受到破坏，易造成路基冷冻膨胀变形或受热融化沉陷等现象，给列车安全行驶带来严重威胁。采用无线传感网节点对青藏铁路冻土区域表面的光照强度、温湿度和铁路沿线冻土内层中的温湿度进行采样，通过 ZigBee 模块传输至邻接点，经汇聚节点的分析与计算，当数据超过安全阈值时，则向管理中心预警，可以有效保障青藏铁路的安全运营[30]。利用无线传感技术对青藏冻土区铁路实现无人值守、长时间的安全状态监测，应用效果良好。

## 3.2　基于 WSN 的铁路基础设施及运行环境状态监测系统设计

面向既有线路基础设施及运行环境监测系统大规模升级改造，以及新建线路基础设施及运行环境监测系统大规模设计建设的重大需求，充分发挥无线传感网自组网、恶劣环境适应性、数据感知处理传输一体化等优势，构建面向铁轨、桥梁、隧道等铁路基础设施及运行环境状态监测的专用无线传感网系统，对提升监测连续性、可靠性及系统运行安全性具有重要意义。

### 3.2.1　铁路基础设施及运行环境状态监测 WSN 系统架构层级

如图 3-2 所示，铁路基础设施及运行环境状态监测系统由 3 层组成，分别为信息感知层、信息通信层和信息处理层。在信息感知层，有大量的传感器节点布设在铁路沿线，用于采集铁路基础设施服役状态及运行环境状态；信息通信层由信息发送、接收、汇聚节点组成，主要负责将感知到的信息安全、高效、可靠、及时地传输到数据中心；信息处理层也就是数据中心，主要负责利用感知到的数据信息，对铁路基础设施服役状态及运行环境状态进行诊断与态势预测。

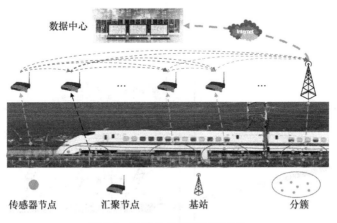

图 3-2　铁路状态监测系统结构

### 3.2.2　铁路基础设施及运行环境状态监测 WSN 通信传输网络结构

基于铁路线路铺设的特殊性，铁路基础设施及其运行环境状态监测专用无线传感网也有其特殊性。传统的无线传感网系统，大量传感器分布在一个较为集中的区域内，负责信息接收和汇总的汇聚节点安装在监测区域的中心或者旁边，传感器通过单跳或者多跳通信的方式直接与汇聚节点进行信息传输。铁路基础设施及其运行环境状态监测区域从宏观上是一个沿着轨道延伸的带状区域，铁路专用通信网基站稀疏地布设在铁路沿线（间距大约为5km），无线传感器的无线通信距离通常在100~200m，无线传感器很难与基站直接进行信息交互。因此，通常在监测区域的两个基站间布设大量汇聚节点，用于汇聚和转发本地监测信息。

为保证传感器感知数据可以成功发送到基站，同时最大限度地减少传感器节点的能量消耗，从而延长系统的生命周期，本书构建了铁路无线监测网双层数据通信结构。首先，将两个基站间的铁路基础设施及其运行环境状态监测区域定义为一个监测区段，在该监测区段内按照一定的规则部署汇聚节点，由基站与汇聚节点共同构成骨干网，用于监测信息的汇聚和转发；然后，将整个监测区段划分成多个监测子区域，每个子区域形成一个子网系统，由一个汇聚节点和多个传感器节点组成，负责将传感器节点接收的信息发送到汇聚节点。

如图3-3所示，以京沪高速铁路为例，该线路全长1318km，截取其中的5km或者500m作为一个监测区段，则该监测区段近似为条状的监测区域，布设在该区域沿线的骨干传输网近似为线性传输网。然后，将条状的监测区域划分为多个小监测区域，每个监测区域近似为一个监测子网。

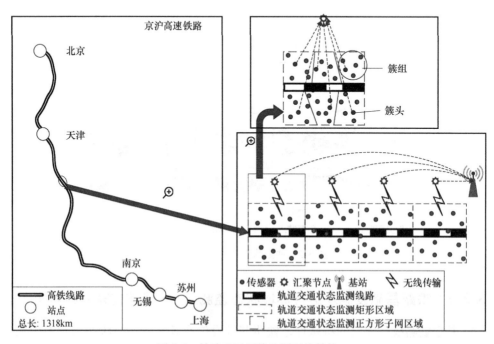

图3-3 铁路双层无线监测系统结构

　　铁路无线监测系统子网由 1 个汇聚节点和多个传感器节点组成，如图 3-4 所示。其中每个传感器节点到汇聚节点的距离各不相同，有的传感器节点甚至无法与汇聚节点进行直接通信。传感器节点与汇聚节点间进行信息传输的通信能耗很大程度上是由两者之间的距离决定的，如果每个传感器都由汇聚节点进行直接通信，一方面会造成汇聚节点处信息的拥堵，导致信息通信失败；另一方面，会造成严重的能量浪费，从而影响子网的生命周期。因此，本书在子网内部采用基于分簇通信的层次型路由协议，即首先将子网内的所有传感器节点分成不同的簇，然后在簇内按要求选择一个节点作为簇头，其余节点为簇组成员。其中，簇组成员负责对铁路基础设施及其运行环境状态信息进行感知，并将感知信息发送给簇头节点；簇头节点在接收到信息后，经简单的数据处理和分析后，将该信息转发到汇聚节点。为了保证监测子网的生命周期，需要对该基于分簇的路由协议进行不停地更新和优化，确保各节点能耗的最小化和均衡化。

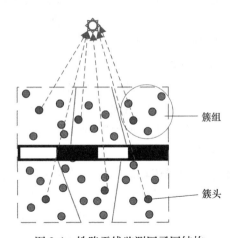

图 3-4　铁路无线监测网子网结构

　　如图 3-5 所示，铁路无线监测网骨干网由若干个汇聚节点及 1 个基站组成。该骨干网中各节点是沿轨道沿线线性排列的，基站往往布设在监测区域的一侧，各节点到基站间的距离差距很大，远离基站一侧的汇聚节点很难直接与基站进行单跳通信，因此在该线性网络中一般采用基于多跳通信的传输方式。在该线性传输网络中，各汇聚节点既是信息的收集者，负责从子网层接收传感器节点发送的感知信息；又是中继节点，用于转发其余汇聚节点发送的信息。靠近基站的节点，通信负载越大，能耗越大，但是信息传输的时延较小；而远离基站的节点信息是通过邻近节点转发的，通信能耗小，但是通信时延大。为了保证各节点信息传输的实时性和骨干网传输的可靠性，需要对基于多跳的路由传输协议进行优化。

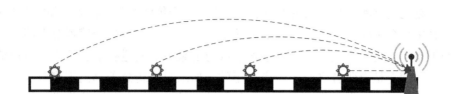

图 3-5　铁路无线监测网骨干网结构

## 3.3　基于 WSN 的铁路基础设施及运行环境状态监测系统关键技术

铁路无线监测网中的信息监测和传输节点随着基础设施沿着铁路进行线性部署，形成了线性无线感知网。为了更好地将无线传感网应用于铁路基础设施及运行环境状态监测，关键在于解决线性无线传感网的能量资源管理优化问题、网络协议优化问题和带宽资源分配优化问题[31]。

**1. 能量资源管理优化关键技术**

无线传感网节点以电池作为能量供应的来源，在无线传感网大规模的应用中，在无能量补给的情况下，无线传感网节点需要持续工作很长时间。如何在保持无线传感网监测能力的前提下，最大限度地提高能量使用效率是无线传感网技术应用的关键。无线传感网节点从环境中感知采集相关数据进行处理，再将数据在无线传感网中进行无线传输。因此，针对无线传输过程的控制是节约节点能耗的关键，无线传输过程具体涉及无线传感网的网络模型结构、网络拓扑控制、网络协议等。无线传感器需按铁路沿线部署，属于任务驱动型的部署模式，其网络物理结构相对固定，因此，通过网络拓扑控制及其协议优化是提升铁路专用无线传感网能量管理效率最有效的方式[31-34]。

**2. 带宽资源分配优化关键技术**

无线传感器节点通信带宽较小是制约其大规模应用的另一个关键技术问题，铁路基础设施及其运行环境状态监测系统负责监测的对象复杂多样，各监测对象对信息传输的通信要求各不相同，各类监测对象在铁路系统运行的不同时段传输的数据量是动态变化的，因此需要对有限的带宽资源进行按需动态优化配置，实现铁路基础设施及运行环境状态监测信息按需传输，在保障基础信息可靠传输的前提下，最大限度的确保安全相关信息回传的实时性与准确性[35-37]。

**3. 时延优化优化关键技术**

时延是衡量无线传感网服务质量的一个重要度量标准，通常是指从源节点向目的节点传输一个（或一组）数据包所需的总延迟，主要由处理时延、排队时延、传输时延组成。对于铁路基础设施及运行环境状态监测系统而言，其本质使命是尽早发现系统存在的异常问题进行及时上报，并将决策与控制指令及时下发到执行端。因此，在系统总体资源受限情况下，如何通过资源的优化部署、协同处理及调度优化，最大限度保障关键信息传输时延最小化，是解决该专用无线传感网系统时延优化的最有效方式之一[38-40]。

## 3.4 本章小结

本章首先对无线传感网的定义、结构、特点及应用领域进行了介绍，研究了其在铁路基础设施及运行环境状态监测领域的应用现状、关键问题及发展趋势，建立了基于WSN的新一代铁路基础设施及运行环境状态监测系统及专用通信传输网络结构，最后对基于WSN的铁路基础设施及运行环境状态监测系统关键技术进行分析和总结，为后续研究明确了方向。

## 参 考 文 献

［1］ 孟祥连，李鲲，谢胜波，等.兰新高铁大风区风况特征及防风工程设计分区［J］.中国沙漠，2018，38（5）：972-977.

［2］ 任丰原，黄海宁，林闯.无线传感器网络［J］.软件学报，2003，14（7）：1282-1291.

［3］ 崔莉，鞠海玲，苗勇，等.无线传感器网络研究进展［J］.计算机研究与发展，2005，42（1）：163-174.

［4］ 马祖长，孙怡宁，梅涛.无线传感器网络综述［J］.通信学报，2004，25（4）：114-124.

［5］ 任丰原，黄海宁，林闯.无线传感器网络［J］.软件学报，2003（07）：1282-1291.

［6］ 毕斌，王金一，陈文亮，等.无线传感器网络管理综述［J］.计算机系统应用，2010，19（12）：265-270.

［7］ 关停停.降低网络时延的无线传感器网络数据融合技术［D］.长春：长春理工大学，2018.

［8］ 石军锋，钟先信，陈帅，等.无线传感器网络结构及特点分析［J］.重庆：重庆大学学报（自然科学版），2005，28（2）：16-19.

［9］ 叶宁.论无线传感器网络的特点及应用［J］.科技资讯，2020，18（34）：53-54，57.

［10］ 梁桂英.浅析无线传感器网络应用技术［J］.信息记录材料，2017，18（4）：50-51.

［11］ 王慧莹.无线传感器网络在环境监测中的应用［J］.科技创新与应用，2021，11（28）：173-175.

［12］ 赵宏程，王旭阳，王野，等.无线传感器网络的研究现状及发展趋势［J］.科技广场，2011（09）：77-80.

［13］ 陈雄，杜以书，唐国新.无线传感器网络的研究现状及发展趋势［J］.系统仿真技术，2005，1（2）：67-73.

[14] 王卫平. 浅谈无线传感器网络的研究现状与发展趋势 [J]. 科技视界, 2012 (28): 253, 270.

[15] 牟建伟, 滕伟. 无线传感器网络的军事应用及发展趋势 [J]. 科技展望, 2016, 26 (7): 269-269, 312.

[16] 唐武明. 无线传感器网络中网络安全协议的研究现状与发展趋势 [J]. 信息通信, 2015 (8): 88-88, 89.

[17] OTHMAN M F, KHAIRUNNISA S. Wireless sensor network applications: a study in environment monitoring system [J]. Procedia Engineering, 2012, 41: 1204-1210.

[18] BALL M G, QELA B, WESOLKOWSKI S. A review of the use of computational intelligence in the design of military surveillance networks [J]. Recent Advances in Computational Intelligence in Defense and Security, 2016, 621: 663-693

[19] GUNGOR V C, LU Bin, HANCKE G P. Opportunities and challenges of wireless sensor networks in smart grid [J]. IEEE Transactions on Industrial Electronics, 2010, 57 (10): 3557-3564.

[20] OTTO C, ALEKSANDAR M, COREY S, et al. System architecture of a wireless body area sensor network for ubiquitous health monitoring [J]. Journal of Mobile Multimedia, 2006, 1 (4): 307-326.

[21] CHEN W, CHEN L, CHEN Z, et al. Wits: a wireless sensor network for intelligent transportation system [C]. IEEE First International Multi-Symposiums on Computer and Computational Sciences, IMSCCS'06, 2006, 2: 635-641.

[22] 陈瑞凤, 倪明, 徐春婕, 等. 面向铁路环境监测的无线传感器网络通信性能分析 [J]. 电信科学, 2019, 35 (5): 70-77.

[23] 苏雪, 张小云. 基于无线传感网络的高速铁路监测系统 [J]. 太赫兹科学与电子信息学报, 2019, 17 (2): 239-242.

[24] 端嘉盈. 铁路沿线线性无线传感器网络路由协议研究 [J]. 铁道标准设计, 2019, 63 (3): 158-164.

[25] 唐松, 尼玛扎西, 高定国. 无线传感器网络在青藏铁路冻土监测领域的应用 [J]. 重庆理工大学学报 (自然科学版), 2015 (5): 112-118.

[26] 张振海, 党建武, 闵永智. 基于无线传感网的铁路隧道环境无线监测系统设计 [J]. 兰州交通大学学报, 2014, 33 (04): 40-44, 60.

[27] 张浩, 蒋海林. 基于 ZigBee 监测高速铁路基础设施监测的无线传感器网络研究与应用 [J]. 铁路计算机应用, 2013, 22 (5): 44-47.

[28] 刘祖胜. 无线传感器网络信息融合框架在铁路环境监测的应用 [J]. 铁路计算机应用, 2017, 26 (2): 22-25.

[29] 胡强, 张勇, 王石磊. 城市轨道交通桥梁管养技术现状及运营监测技术研究 [J]. 现代城市轨道交通, 2019 (8): 90-94.

[30] 唐松, 尼玛扎西, 高定国. 无线传感器网络在青藏铁路冻土监测领域的应用 [J]. 重庆理工大学学报 (自然科学), 2015, 29 (05): 112-118.

［31］　张卫民. 铁路监测无线传感器网络的关键技术研究［D］. 兰州：兰州交通大学，2014.

［32］　焦万果，李昱融，周雯. 能量收集认知传感器网络研究综述［J］. 电子技术应用，2018，44（10）：23-28.

［33］　雷雨能. 无线传感器网络资源管理与调度［D］. 成都：电子科技大学，2009.

［34］　陈杰. 无线传感网络节点资源管理的研究与实现［D］. 杭州：浙江大学，2007.

［35］　章跃跃. 软件定义无线网络中资源分配算法研究［D］. 南京：东南大学，2018.

［36］　刘志强. 无线体域网中资源分配策略研究［D］. 合肥：中国科学技术大学，2018.

［37］　黄赞杰. 无线网络环境下的资源分配问题算法研究［D］. 合肥：中国科学技术大学，2015.

［38］　朱艺华，徐骥，田贤忠，等. 无线传感器网络应用简单 Reed-Solomon 编码的低能耗和低时延可靠数据收集方案［J］. 计算机学报，2015，38（10）：2106-2124.

［39］　姚道远，张宝贤，刘海涛. 保障监测时延的无线传感器网络感知调度算法［J］. 电子与信息学报，2010，32（7）：1591-1596.

［40］　梁庆伟，姚道远，巩思亮. 一种保障时延能量高效的无线传感器网络路由协议［J］. 西安交通大学学报，2012，46（6）：48-52，91.

# 第4章　铁路基础设施及运行环境状态监测WSN子网协议优化

本章主要介绍铁路基础设施及运行环境状态监测 WSN 子网协议优化的相关问题：WSN 子网结构及所涉及的关键问题、WSN 子网路由协议能量优化以及 WSN 子网能量优化。该优化方法可以根据监测和传输业务类型的变化而自适应地调整路由协议，满足不同业务的监测生命周期和传输实时性的要求，进而提升传输骨干网的综合效能。

## 4.1　铁路基础设施及运行环境状态监测 WSN 子网结构及关键问题

首先，本节综合考虑监测子网通信、传输需求，研究监测子网系统的结构构建方法。然后，结合铁路双层监测传输网的物理结构、拓扑结构及路由协议，提出并总结了铁路无线监测网信息传输过程中存在的若干问题，为后面的研究奠定基础。

### 4.1.1　铁路基础设施及运行环境状态监测 WSN 子网结构

铁路状态监测系统负责整个铁路系统各组成部分服役状态信息的感知、传输和处理。从子网全局的角度来看，监测信息主要依靠布设在轨道周边的基站进行收集和传输，然而，轨道沿线布设的基站数量是很有限的，感知信息很难从传感器直接发送到基站，因此需要将整个监测范围划分为不同的监测区块；从局部的角度来看，在各个区块内部对监测信息进行处理和中转，最后发送到区块临近的基站。本章主要研究在局部区块（子网）内信息的采集、汇聚和传输过程。

铁路无线监测系统子网由 1 个汇聚节点和多个传感器节点组成，如图 4-1 所示。其中每个传感器节点到汇聚节点的距离各不相同，有的传感器节点甚至无法与汇聚节点进行直接通信。同时，传感器节点与汇聚节点间进行信息传输的通信能耗很大程度上是由两者之间的距离决定的，如果每个传感器都与汇聚节点进行直接通信，一方面会造成汇聚节点处信息的拥堵，导致信息通信失败；

另一方面，会造成严重的能量浪费，从而影响子网的生命周期。因此，本章在子网内部采用基于分簇通信的层次型路由协议，即首先将子网内的所有传感器节点分成不同的簇，然后在簇内按要求选择一个节点作为簇头，其余节点为簇组成员。其中簇组成员负责对铁路系统的关键部件进行信息感知，并将感知信息发送给簇头节点；簇头节点在接收到信息后，进行简单的数据处理和分析后，将该信息转发到汇聚节点。为了保证监测子网的生命周期，需要对该基于分簇的路由协议进行不停地更新和优化，确保各节点能耗的最小化和均衡化。

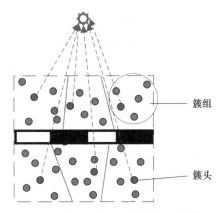

图 4-1　铁路无线监测系统子网结构

## 4.1.2　铁路基础设施及运行环境状态监测 WSN 子网关键问题

铁路状态监测系统，由于其网络结构的特殊性、监测对象的多样性及传感器网络自身的特征等，在网络的使用和维护过程中需要解决以下关键问题：

1）监测系统子网生命周期。子网中各传感器节点负责该区域内铁路系统关键部件状态的监测和传输，但是无线传感器能量存储有限，为了保证各节点和子网系统的生命周期，需要对子网传输的通信协议进行优化。

2）数据融合。铁路状态监测系统在监测区域内部署了很多传感器，部分传感器之间在功能和采集的信息上有冗余的部分，对冗余信息的传输会造成不必要的传输能量消耗，因此需要在汇聚节点处进行简单的数据融合处理，提升数据传输的有效性。

3）带宽分配的高效性。铁路状态监测系统负责监测的对象复杂多样，而各监测对象对信息传输的通信要求各不相同。同时，无线通信系统的带宽资源又非常有限，因此需要对有限的带宽资源进行动态优化配置，从而保证监测信息的稳定、可靠传输。

## 4.2 基于分簇通信的子网路由协议能量优化

基于无线感知的监测系统都是由能量受限的传感器节点组成的，节点的能量使用效率将严重影响节点甚至系统的生命周期。为了提升监测系统的生命周期，保证监测系统中各节点监测的可靠性及信息传输的稳定性，本节主要针对监测子网中，基于分簇通信的子网路由协议的能量优化方法进行研究。

### 4.2.1 铁路状态监测系统子网传输能耗模型

铁路无线监测网子网层主要是由若干个传感器节点和汇聚节点组成，其中传感器节点负责信息的感知、处理和短距离传输，而汇聚节点则负责收集监测子网内所有传感器节点感知到的信息。如图 4-2 所示，传感器节点通常由信息感知单元、信息处理单元、信息通信单元和能量供给单元等四部分组成，其中信息感知单元负责感知监测对象的实时服役状态信息；信息处理单元负责感知信息的简单的格式转化等处理工作；信息通信单元则负责与其余传感器或汇聚节点进行信息通信，包括信息的接收和发送过程；能量供给单元负责为其余 3 个单元进行能量供应，保证各单元工作的稳定性。

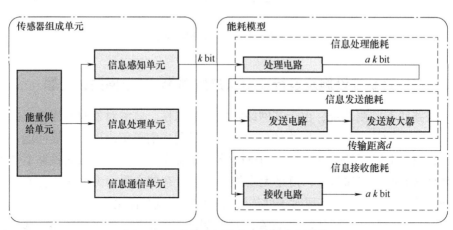

图 4-2　无线传感器节点组成及能耗结构

无线传感器节点的能量主要消耗在信息感知、信息处理和发送 3 个阶段，根据参考文献 [1]，传感器在信息感知过程中消耗的能量相对其他两个过程而言微乎其微，可以忽略不计，因此本章在建立铁路无线监测网子网能量消耗模型时主要考虑传感器节点在信息处理和通信过程中的能量消耗。

如图 4-2 所示，子网中传感器节点在数据通信过程中的能量消耗主要由 3 部分组成，信息处理能耗、信息接收能耗和信息发送能耗。

其中，信息处理能耗也主要由信息处理能耗率和处理的数据量共同决定的，具体为

$$E_{Dx}(l) = lE_{DA} \tag{4-1}$$

式中，$l$ 为处理的数据量；$E_{DA}$ 表示处理单位数据量信息，处理电路所消耗的能量。

数据接收能耗主要由接收的数据量决定的，为

$$E_{rx}(l) = lE_{elec} \tag{4-2}$$

式中，$l$ 为发送或接收的数据的比特数；$E_{elec}$ 表示发射电路所消耗的能量。

数据发送能耗主要与发送的数据量及发送的距离相关，如式（4-3）所示：

$$E_{tr}(l,d) = \begin{cases} lE_{elec} + lE_{fs}d^2, & (d < d_0) \\ lE_{elec} + lE_{mp}d^4, & (d \geq d_0) \end{cases} \tag{4-3}$$

式中，$d$ 为两个节点间的距离，$d_0$ 为一常量，取值与网络环境有关，$d_0 = \sqrt{E_{fs}/E_{mp}}$；$E_{fs}$ 为自由空间功放能耗系数；$E_{mp}$ 为多路衰减功放能耗系数。

当网络中发送节点与接收节点间的距离小于 $d_0$ 时，采用自由空间能量耗散模型，发送数据的能量消耗与距离的平方成正比；当发送节点与接收节点间的距离大于 $d_0$ 时，采用多路衰减能量耗散模型，发送数据的能量消耗与距离的四次方成正比。

子网内的汇聚节点主要负责信息的接收，且汇聚节点的能量存储远大于传感器节点，因此在本章研究中，假设汇聚节点的能量是无限的。

## 4.2.2　基于分簇的能量优化路由协议总体结构

铁路无线监测网子网层是由多个不同的子网组成的，子网内部各传感器节点的发送能耗主要由发送距离决定，因此为了减少传感器节点的发送能耗，在子网内部采用基于分簇的通信方式进行信息传输。首先，子网内部的所有传感器分为多个簇，然后在每个簇内选取一个传感器节点作为簇头，负责收集簇内其余传感器节点信息并将这些信息转发到对应的汇聚节点。因此，簇头节点的通信负载和相应的能耗要远高于其余非簇头节点。为了保证各个节点能耗的均衡性，避免簇头节点因能量过度消耗而失效，需要在每轮通信之前对簇头进行重新选择和轮值。簇头和簇组成员之间的信息通过单跳转发的方式进行传输，同样簇头和汇聚节点之间也是以单跳转发的方式进行数据传输，但是因为两者之间的距离不同，本章在簇头与簇组成员的通信中，节点发送能耗采用自由空间损耗模型；而簇头与汇聚节点之间进行通信时采用多径衰落模型。

为了方便对基于分簇的子网能量优化路由协议的理解，本小节对该协议的总体结构进行简要介绍。如图 4-3 所示，基于分簇的能量优化路由协议的总体结

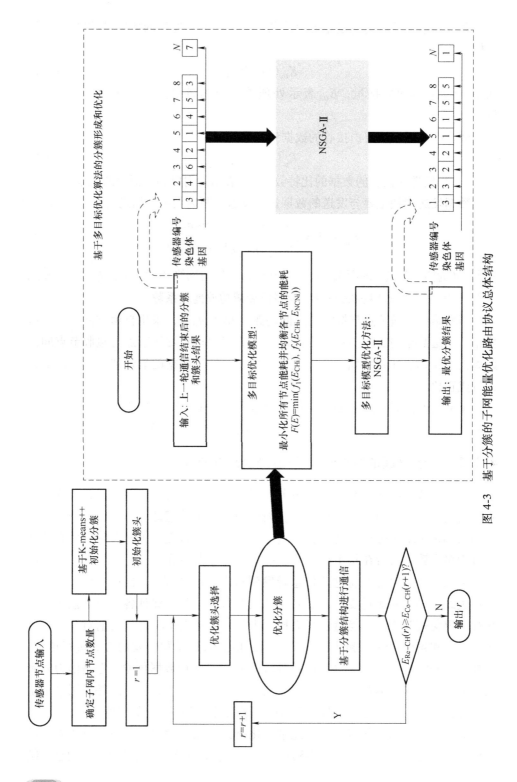

图 4-3 基于分簇的子网能量优化路由协议总体结构

构由 3 层组成，分别为信息输入层、分簇优化策略层和信息输出层。其中，信息输入层主要负责将监测子网内各传感器节点的初始信息输入到目标模型中进行优化处理，输入信息主要包括布设在轨道周边的传感器的数量、能量存储及其位置信息等；在分簇优化策略层，传感器网络及其节点以总体能耗最小化和均衡化为目标，不断地更新所有分簇及其簇头的选择，从而最大化铁路状态监测系统的生命周期。首先，采用 K-means++算法进行分簇和簇头初始化，其中簇组的数量 $k$ 通过以最小化所有节点的总能耗为目标计算得到的。使用 K-means++进行初始化的动机是为了使距离相近的节点可以分到同一个簇内，这样可以减少簇成员与簇头之间信息传输的能耗。然而，对于复杂铁路状态监测系统而言，单纯使用 K-means++算法很难得到全局最优解，因此，本章提出了一种高效的优化模型在每轮通信开始之前对簇组的生成及簇头的选择进行优化，确保子网始终保持在能量效率最高的通信模式下：首先，在进行簇头选择和轮值时，本章建立了基于节点候选概率、剩余能量及候选簇头节点的预测能耗等的综合指标进行优选；然后，构建了一个多目标优化模型并采用遗传算法对分簇的形成进行优化和更新。在信息输出层，子网内所有传感器节点根据以能量效率最优化的方式被分配到不同的簇中进行信息传输，进而提升监测子网的生命周期。

### 4.2.3　铁路状态监测系统子网基于分簇的能量优化路由协议

本节主要对铁路无线监测网子网基于分簇的能量优化路由协议的具体过程进行介绍，包括分簇的初始化、簇头的选择和轮值、分簇的形成和优化以及基于遗传算法的多目标优化模型的求解。监测子网内监测信息的传输是根据信息感知的频率不断进行传输的，在每轮信息传输之前，通信路由协议都会按照本章建立的优化模型对分簇和簇头进行优化，整体的信息通信执行流程如图 4-4 所示。

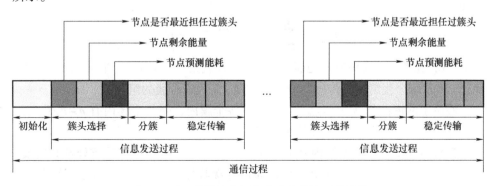

图 4-4　基于分簇的能量优化路由协议通信结构

如图4-4所示，基于分簇的能量优化路由协议通信结构是由1个分簇生成及簇头选择初始化阶段和多个信息发送阶段组成，在分簇和簇头初始化阶段，子网内所有传感器节点根据 K-means++算法分配到不同簇组内；每个信息传输阶段则由簇头选择和轮值、分簇的生成和优化及信息稳定传输三个阶段组成。当子网内各传感器节点状态满足信息通信需求时，系统则按照当前的循环执行信息发送过程；否则，系统将重新进入分簇的初始化阶段。

**1. 基于 K-means++的分簇及簇头初始化**

采用基于分簇算法的路由协议时，簇组成员的能量消耗主要由传输的数据量和簇组成员节点到簇头节点的距离来决定的，在传输数据量固定的情况下，减少簇组成员与簇头间的距离可有效降低其能量消耗。因此，本章采用 K-means++算法将距离相近的传感器节点分配到同一个簇内，从而提升非簇头节点的能耗效率；同时，采用 K-means++的分簇初始化结果远优于随机初始化的分簇结果，将大大提升后期基于遗传算法进行分簇优化的速度和效果。

（1）最优簇组数量 $k$ 的选择

在采用 K-means++算法进行簇组初始化时，簇组的数量与子网内传感器节点的能耗息息相关：当分簇数量过少时，会大大增加簇头节点的通信负担，进而导致簇头节点因能耗过大而失效；当分簇数量过多时，会有很多传感器节点需要与汇聚节点进行通信，引起系统整体能耗的增加。因此，本章以最小化子网内所有传感器节点的总能耗为目标建立优化模型，从而确定最优的分簇组数。

如图4-5所示，本章假设有 $N$ 个传感器节点均匀地布设在 $MM$ 的监测子网区域（ $x \in [-M/2, M/2]$，$y \in [-(1+\alpha)M, -\alpha M]$ ）内，分布概率密度为 $S(x, y) = 1/M^2$。其中 $\alpha$ 是距离调节参数，用于调节监测子网区域与汇聚节点的垂直距离，传感器节点到汇聚节点的最短距离为 $\alpha M$；汇聚节点布设在坐标原点 SK(0, 0)。采用基于分簇通信的方式进行信息传输时，分布在子网内部的所有传感器分为两类，一类为簇头节点和另外一类为非簇头节点，因此子网节点总能耗也由这两部分组成：

$$E_{\text{total}} = \sum_{i=1}^{k} \left( E_{\text{CH}}^{i} + \sum_{j=1}^{n-1} E_{\text{Non-CH}}^{ji} \right) \tag{4-4}$$

式中，$E_{\text{CH}}^{i}$ 是第 $i$ 个簇头节点的能耗；$E_{\text{Non-CH}}^{ji}$ 代表第 $i$ 组中第 $j$ 个非簇头节点的能耗；$n$ 表示每个簇组内部传感器节点的数量；$k$ 代表分簇的组数。

假设子网内部的 $N$ 个节点平均分配到各个簇内，则每个簇内有 $n=N/k$ 个节点，包括1个簇头和 $n-1$ 个非簇头节点。

簇头节点负责接收本簇内其余非簇头节点发送的信息，并进行处理和转发，因此簇头节点的能耗由三部分组成，即信息接收能耗（ $E_{\text{CH-Rx}}^{i}$ ）、信息处理能耗（ $E_{\text{CH-Dx}}^{i}$ ）和信息发送能耗（ $E_{\text{CH-Sx}}^{i}$ ），簇头节点的总能耗可通过式（4-5）算得

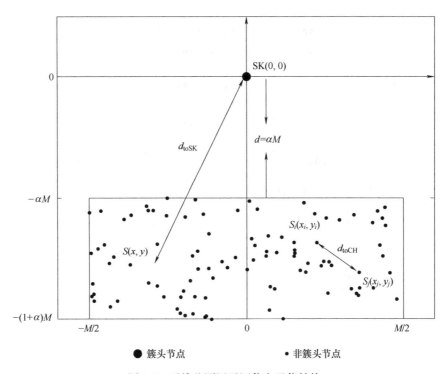

图4-5　无线监测网子网信息通信结构

$$E_{CH}^{i} = E_{CH-Rx}^{i} + E_{CH-Dx}^{i} + E_{CH-Sx}^{i}$$
$$= (n-1)lE_{ele} + nlE_{DA} + (lE_{ele} + l\xi_{mp}d_{toSKi}^{4})$$
$$= l(nE_{ele} + nE_{DA} + \xi_{mp}d_{toSKi}^{4}) \tag{4-5}$$

式中，$E_{ele}$ 表示电路能耗参数；$\xi_{mp}$ 是基于多径衰减模型的功放能耗系数；$l$ 是传输的数据包的大小；$d_{toSKi}$ 代表簇头节点到汇聚节点的距离，该距离计算公式为

$$d_{toSKi} = \sqrt{x(i)^2 + y(i)^2} \tag{4-6}$$

非簇头节点只负责将自身感知到的信息发送到簇头节点，因此，其能量消耗计算公式如下：

$$E_{Non-CH}^{ji} = lE_{ele} + l\xi_{fs}d_{toCHji}^{2} \tag{4-7}$$

式中，$\xi_{fs}$ 是基于自由空间模型的功放能耗系数；$d_{toCHji}$ 表示第 $j$ 个传感器节点到第 $i$ 个簇头节点的距离，该距离计算公式如下：

$$d_{toCHji} = \sqrt{(x(j)-x(i))^2 + (y(j)-y(i))^2} \tag{4-8}$$

从统计学的角度来讲，每个节点被选中作为簇头的机会是均等的，因此根据式（4-4）所有传感器节点总能耗的期望为

$$E[E_{\text{total}}] \approx kE(E_{\text{CH}}^i) + NE[E_{\text{Non-CH}}^{ji}]$$

$$= l(2NE_{\text{ele}} + NE_{\text{DA}} + k\xi_{\text{mp}}E[d_{\text{toSK}i}^4] + N\xi_{\text{fs}}E[d_{\text{toCH}ji}^2]) \quad (4\text{-}9)$$

簇头节点到汇聚节点距离的 4 次方 $d_{\text{toSK}i}^4$ 的期望为

$$E[d_{\text{toSK}i}^4] = \int_{-(\alpha+1)M}^{-\alpha M} \int_{-M/2}^{M/2} (\sqrt{x^2 + y^2})^4 \rho(x, y) \mathrm{d}x\mathrm{d}y$$

$$= \int_{-(\alpha+1)M}^{-\alpha M} \int_{-M/2}^{M/2} (x^2 + y^2)^2 \rho(x, y) \mathrm{d}x\mathrm{d}y$$

$$= \left(0.0125 + \frac{(\alpha+1)^3 - \alpha^3}{18} + \frac{(\alpha+1)^5 - \alpha^5}{5}\right) M^4 \quad (4\text{-}10)$$

非簇头节点到簇头节点距离的 2 次方 $d_{\text{toCH}ji}^2$ 的期望为

$$E[d_{\text{toCH}ji}^2] = \frac{1}{2} \int_{-(\alpha+1)M}^{-\alpha M} \int_{-M/2}^{M/2} \int_{-(\alpha+1)M}^{-\alpha M} \int_{-M/2}^{M/2} (\sqrt{(x_j - x_i)^2 + (y_j - y_i)^2})^2 \cdot$$

$$\rho(x_j, x_i, y_j, y_i) \mathrm{d}x_j \mathrm{d}x_i \mathrm{d}y_j \mathrm{d}y_i$$

$$= \frac{M^2}{6k} \quad (4\text{-}11)$$

式 (4-9) 对 $k$ 进行求导并使其导数为 0，可以求得所有节点能耗最小的最优组数为

$$k_{\text{opt}} = \sqrt{\frac{\xi_{\text{fs}}NM^2}{6\xi_{\text{mp}}d_{\text{toBS}}^4}} \quad (4\text{-}12)$$

当所有节点的能量都很充足，足够以簇头的角色完成簇内所有信息的接收、处理和发送时，基于 K-means++进行分组的最优组数通过式 (4-12) 进行计算；然而，传感器节点的剩余能量会随着通信轮次的增加而逐渐减少，当一个簇组内所有节点的能量都低于某个阈值，都不足以以簇头的身份将簇内所有信息发送至汇聚节点时，本章将通过增加分簇数量的方式来减少每个簇内传感器节点的数量和簇头传输的数据量，从而有效减轻簇头的能量消耗，使系统的通信得以恢复和继续。增加簇头的方式虽然在每一轮通信过程中所有节点的总能量消耗会增加，却可以保证系统通信的正常运行，有效延长监测系统的生命周期。

（2）基于 K-means++的分簇初始化

当最优分簇组数确定后，本章采用基于 K-means++的聚类算法对分簇进行初始化，根据子网内所有传感器节点的距离信息将其分配到 $k$ 个簇组中。文献［5］中采用基于 K-means 的聚类算法进行分簇，其初始簇中心是随机选择的，难以保证簇中心的全局合理性。因此，本章使用 K-means++算法进行分簇，保证初始的簇中心尽量均匀地分布在整个监测区域内，避免了簇中心初始化不合理导致分簇初始化陷入局部最优。基于 K-means + + 的分簇初始化算法执行流程

见表 4-1。

**表 4-1　基于 K-means++ 的分簇初始化算法执行流程**

| 基于 K-means++ 算法的分簇初始化 |
| --- |

**输入**：布设在 $MM$ 子网监测区域内的 $N$ 个传感器节点的位置及能量信息；

**输出**：$N$ 个传感器节点以能耗最优的模式被分配到 $k_{opt}$ 个簇组内；

**步骤 1**：根据式（4-12）确定最优分簇组数 $k_{opt}$；

**步骤 2**：随机选择一个传感器节点作为第一个分簇中心（$CC_1$）；

**步骤 3**：计算每个节点到选择的分簇中心的距离

**repeat**

$$\text{for } i=1, 2, \cdots, k；\text{分簇中心数}$$
$$\text{for } j=1, 2, \cdots, N-k；\text{簇组成员数}$$

$d_{toCCji} = \sqrt{(x(j)-x(i))^2+(y(j)-y(i))^2}$；计算簇组成员到分簇中心的距离

**until** 计算了所有的距离.

**步骤 4**：选择第 $k$ 个分簇中心（$CC_k$，$1 \leqslant k \leqslant k_{opt}$）

**repeat**

$$\text{for } j=1, 2, \cdots, N-k$$
$$\text{for } i=1, 2, \cdots, k$$

$d_{toCCj} = \min(d_{toCCji})$；选择一个最小的距离；

$$\text{sum}(d(x_{toCHj})) = \sum_{j=1}^{N-k} d_{toCC_j}$$

$p_j = d(x_{toCHj})/\text{sum}(d(x_{toCHj}))$；定义分簇中心选择概率模型

**until** 所有的 $k_{opt}$ 个分簇中心都选择完成.

**步骤 5**：基于选择好的 $k_{opt}$ 个分簇中心对所有簇组进行初始化.

**repeat**

$$\text{for } i=1, 2, \cdots, k_{opt}$$
$$\text{for } j=1, 2, \cdots, N-k_{opt}$$

$$d_{toCCji} = \sqrt{(x(j)-x(i))^2+(y(j)-y(i))^2}$$

$$\text{for } j=1, 2, \cdots, N-k_{opt}$$
$$\text{for } i=1, 2, \cdots, k_{opt}$$
$$d_{toCCj} = \min(d_{toCCji})$$

将第 $j$th 个传感器节点分到第 $i$th 个簇组内；

**until** 所有传感器节点都被分配到能耗最小的簇组内.

在步骤 4 中，与已选择的分簇中心距离越远的节点被选择作为新增簇头节点的概率更大，这样可以保证簇头中心在整个监测区域内的分散性；步骤 5 是在分簇中心确定的基础上，根据传感器节点与分簇中心的距离关系，选择并加入到最近的分簇中心，从而完成簇组的初始化。

（3）基于 K-means++ 的簇头选择初始化

如图 4-6 所示，采用 K-means++ 算法将子网内的所有传感器节点分配到 $k$ 个簇组内的过程中，采用的分簇中心并不是最终的簇头。因此，在分簇初始化完成后，需要对簇头进行初始化。为了保证簇组内所有簇组成员和簇头之间进行信息传输时能耗最小，本章选择到簇组内所有成员节点距离总和最小的节点作为本簇的簇头。首先，根据式（4-13）计算虚拟簇头位置（所有节点的重心位置），然后选择离这个虚拟簇头最近的节点作为基于 K-means++ 算法的初始化簇头节点。

$$\text{VirtualCHs}(X(k),Y(k)) = \left( \frac{\sum_{i=1}^{n_k} x(i)}{n_k}, \frac{\sum_{i=1}^{n_k} y(i)}{n_k} \right) \qquad (4\text{-}13)$$

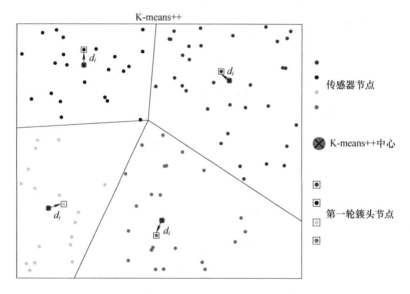

图 4-6  基于 K-means++ 的簇头初始化

基于 K-means++ 对子网内的节点进行分簇和簇头选择初始化可以保证距离相近的节点被分配到同一个簇组内，这样可以减少非簇头节点和簇头节点进行数据传输时的能量消耗。然而，由于节点分布的不确定性，基于 K-means++ 初始化的簇组规模及簇头节点到汇聚节点的距离难以预测，这样就会引起各个簇头之间能量消耗的不均衡性，进而影响监测子网系统的生命周期。为了提高无线监测子网的生命周期，本章接下来对初始化的簇头及其分簇结果进行进一步优化，从而在最小化非簇头节点能量消耗的前提下，均衡各节点的能量消耗。

**2. 簇头选择和轮换概率模型**

基于分簇通信的路由协议中，簇头节点的能量消耗远大于非簇头节点，因此，在每一轮通信开始之前都要对簇头重新进行选择和轮换，从而有效均衡各传感器节点之间的能量消耗，避免了簇头节点因能量过多消耗而失效。在簇头选择和轮换概率模型建立过程中，本章综合考虑了节点簇头候选概率、节点剩余能量率及簇头预测能量消耗率等因素，基于该综合概率模型进行簇头选择可以有效降低能力不足的节点被选择为簇头的概率，保证监测子网运行的稳定性。

（1）节点簇头候选概率模型

如上所述，为了保持节点间能量消耗的均衡性，簇组内的每个节点都有相对均等的机会担任簇头，也就是说簇组内的 $N/k$ 个簇组成员在接下来的 $N/k$ 轮通信过程中都有一次机会当选簇头[4,5]，负责监测信息的收集、处理和传输。

子网内的传感器节点如果在之前的 $r-1$ 轮通信过程中担任过簇头，则该节点将不参与第 $r$ 轮的簇头竞选，因此节点簇头候选概率模型定义为

$$p_{1i}(r) = \begin{cases} \dfrac{k}{N-kr}, & C_i(r) = 1 \\ 0, & C_i(r) = 0 \end{cases} \tag{4-14}$$

式中，$r \in [1, \lfloor N/k \rfloor]$ 是指当簇内的所有节点在之前的通信过程中都当节点担任过一次簇头后，$r$ 被重置为 1，然后在接下来的通信过程中逐渐增长到 $\lfloor N/k \rfloor$，$\lfloor N/k \rfloor$ 代表通信轮次 $r$ 向下取整；$C_i(r)$ 代表节点 $i$ 在过去 $r$ 轮通信过程中的角色状态，如果担任过簇头则 $C_i(r) = 0$，反之 $C_i(r) = 1$。

（2）节点剩余能量率模型

经过多轮通信之后子网内各传感器节点的剩余能量之间会有一些差距，因为：①簇头节点和非簇头节点的能耗不同；②各个簇的节点数量和传输数据量不同，各簇头到汇聚节点的距离不同，导致各簇头节点间能量消耗的不均衡；③各非簇头节点到簇头的距离及传输数据量的不同，导致各个非簇头节点之间能量消耗不均衡。因此，在簇头选择和轮换过程中，剩余能量较多的节点被选择为簇头的概率更高，各节点的剩余能量率模型定义如下：

$$p_{2i}(r) = \frac{\left| E_{\mathrm{Re}}^i(r) - E_{\mathrm{Re}}^{\min}(r) \right|}{\displaystyle\sum_{i=1}^{n} \left| E_{\mathrm{Re}}^i(r) - E_{\mathrm{Re}}^{\min}(r) \right|} \tag{4-15}$$

式中，$E_{\mathrm{Re}}^i(r)$ 表示第 $i$ 个节点在第 $r$ 轮时候的剩余能量；$E_{\mathrm{Re}}^{\min}(r)$ 表示簇内节点剩余能量的最小值。

第 $i$ 个节点在第 $r$ 轮时候的剩余能量计算如下：

$$E^i_{\text{Re}}(r) = E^i_{\text{Re}}(r-1) - E^i_{\text{Co}}(r-1) \tag{4-16}$$

式中，$E^i_{\text{Co}}(r-1)$ 表示节点在第 $r-1$ 轮消耗的能量。

如果节点在 $r-1$ 轮担任簇头，则其能量消耗通过式（4-17）～式（4-20）计算：

$$E_{\text{Co-CH}}(r-1) = E_{\text{Rx}}(r-1) + E_{\text{Dx}}(r-1) + E_{\text{Tx}}(r-1) \tag{4-17}$$

$$E_{\text{Rx}}(r-1) = (n_k - 1) l E_{\text{ele}} \tag{4-18}$$

$$E_{\text{Dx}}(r-1) = n_k l E_{\text{DA}} \tag{4-19}$$

$$E_{Tx}(r-1) = l E_{\text{ele}} + l \xi_{\text{mp}} d^4_{\text{toSK}}(r-1) \tag{4-20}$$

如果节点在第 $r-1$ 轮担任非簇头节点，则其能量消耗通过式（4-21）计算：

$$E_{\text{Co-NCH}}(r-1) = l E_{\text{ele}} + l \xi_{\text{fs}} d^2_{\text{toCH}}(r) \tag{4-21}$$

（3）簇头节点预测能量消耗率模型

如果一个节点的剩余能量很多但是其当选为簇头节点后能量消耗却很大，甚至会因为当选一次簇头而导致能量消耗殆尽而失效，则这样的节点不适合担任簇头。因此，本章在进行簇头选择和轮值的过程中，对节点担任簇头后的能量消耗进行了预测和比较，并给能耗较小的节点赋予更高的被选中的概率。预测簇头节点第 $r+1$ 轮能量消耗率模型定义如下：

$$p_{3i}(r) = \frac{\left| E^i_{\text{Co}}(r+1) - E^{\max}_{\text{Co}}(r+1) \right|}{\sum\limits_{i=1}^{n_k} \left| E^i_{\text{Co}}(r+1) - E^{\max}_{\text{Co}}(r+1) \right|} \tag{4-22}$$

式中，$E^i_{\text{Co}}(r+1)$ 为预测节点在担任簇头后在 $r+1$ 轮消耗的能量；$E^{\max}_{\text{Co}}(r+1)$ 表示预测所有节点担任簇头后的最大消耗能量。簇头节点预测能量消耗通过式（4-17）～式（4-21）计算。

本章在进行簇头选择和轮换模型建立的时候，综合考虑了以上三个因素，该综合概率模型定义为

$$p_i(r) = \omega_1 p_{1i}(r) + \omega_2 p_{2i}(r) + \omega_3 p_{3i}(r)$$

$$\text{s.t.} \sum_{i=1}^{3} \omega_i = 1; 0 \leqslant p_{1i}(r), p_{2i}(r), p_{3i}(r) \leqslant 1; i = 1,2,3 \tag{4-23}$$

式中，$\omega_i$ 是权重系数，用来调节各个因素对综合模型的影响程度。

基于建立的簇头选择和轮值模型，本章模型在每一轮通信开始之前都选择最合适的节点担任簇头，有效保证簇头节点的可靠性和网络的稳定性，并在此基础上进行分簇的产生和优化。

**3. 分簇的产生和优化概率模型**

簇头确定之后，系统将以簇头为核心、以最小化总体能量消耗和均衡节点间的能量消耗为目标重新建立新的簇组，从而最大化铁路无线监测系统的生命周期。对于铁路安全运行无线监测系统而言，每个传感器节点都有不同的监测

和传输任务，任何一个节点的失效都有可能导致监测任务的失败或者传输系统的不稳定。本章中监测系统感知子网的生命周期定义为大于90%的节点正常工作的通信轮次数，因此，基于最优的分簇结果的路由协议应该能够尽可能确保所有节点都保持有效工作。

最优分簇结果的产生基于以下两个准则：①根据簇头节点到汇聚节点距离的不同调整每个簇组内传感器节点的数量，从而保证各簇头之间能量消耗的均衡性；②根据非簇头节点与簇头节点的距离关系，确定非簇头节点和簇头节点的对应关系，从而最小化非簇头节点和所有节点的能量消耗。本章是在确定每个簇组成员数量的前提下，然后进行簇头和簇组成员对应关系的优化，在确保能耗均衡的前提下兼顾能耗的最小化，有效保障了子网生命周期的最大化。

（1）簇组规模优化模型

如上所述，簇头节点的能量消耗是由簇头到汇聚节点的距离和簇头传送的数据量（簇组成员的数量）决定的。然而，簇头到汇聚节点的距离会随着簇头的选择和轮值而变化，因此，簇组成员的数量也应该做出相应的变化，才可以保证簇头节点之间能耗的均衡性，簇组规模优化模型定义如下：

$$f_1(E_{\mathrm{CH}i}(n_i)) = \min \frac{\sum\limits_{i=1}^{k}(E_{\mathrm{CH}i}(n_i) - \overline{E}_{\mathrm{CH}})^2}{k} \tag{4-24}$$

式中，$f_1(E_{\mathrm{CH}i}(n_i))$ 的目标是最小化所有簇头之间能量消耗的方差，表示各簇头能量消耗的均衡程度；$E_{\mathrm{CH}i}$ 表示第 $i$ 个簇的簇头能量消耗；$\overline{E}_{\mathrm{CH}}$ 表示所有簇的簇头能量消耗的均值；$k$ 表示簇和簇头的数量。

第 $i$ 个簇的簇头能量消耗根据式（4-25）计算：

$$E_{\mathrm{CH}i}(n_i) = l(n_i E_{\mathrm{ele}} + n_i E_{\mathrm{DA}} + \xi_{\mathrm{mp}} d_{\mathrm{toSK}i}^4)$$

$$\mathrm{s.t.} \sum_{i=1}^{k} n_i \leqslant N; i = 1,2,\cdots,k \tag{4-25}$$

式中，$n_i$ 表示第 $i$ 个簇内所有传感器节点的数量；限制条件的意思是所有有效的节点都要参与到簇组的产生和优化过程中。

所有簇的簇头平均能量消耗定义为

$$\overline{E}_{\mathrm{CH}} = \frac{\sum\limits_{i=1}^{k} E_{\mathrm{CH}i}(n_i)}{k} \tag{4-26}$$

（2）簇头和簇成员对应关系优化模型

基于簇头规模优化模型，簇头之间的能量消耗基本上都是一致均衡的，但是该模型只确定了每个簇组内成员的数量，并没有确定非簇头节点和簇头的相互对应关系，然而，同一个非簇头节点被分配到不同簇时，由于距离簇头节点的距离不同，能量消耗也会相应不同。为了最小化非簇头节点的能量消耗，本章在确定每个簇簇组成员数量的前提下，对簇头和簇成员的对应关系进行了优化。所有节点总的能量消耗模型定义为

$$f_2(E_{\text{NCH}i}, E_{\text{CH}j}) = \min\left(\sum_{i=1}^{N-k} E_{\text{NCH}i} + \sum_{j=1}^{k} E_{\text{CH}i}\right) \tag{4-27}$$

$$E_{\text{NCH}i} = lE_{\text{ele}} + l\xi_{\text{fs}} \sum_{j} r_{ij} d_{\text{toCH}j}^2 \tag{4-28}$$

$$r_{ij} = \begin{cases} 1, \text{节点} i \text{分配至第} j \text{簇中} \\ 0, \text{其他} \end{cases} \tag{4-29}$$

式中，$f_2(E_{\text{NCH}i}, E_{\text{CH}j})$ 以最小化所有节点的总能量消耗为优化目标；$E_{\text{NCH}i}$ 表示第 $i$ 个非簇头节点的能量消耗；$E_{\text{CH}j}$ 表示第 $j$ 个簇头的能量消耗；$r_{ij}$ 是决策变量，当传感器节点 $i$ 被分配到第 $j$ 个簇中时，该决策变量设置为 1，反之则设置为 0。

簇组规模的优化用于均衡各个簇头节点之间的能量消耗，而簇头和簇组成员之间对应关系的优化则可以有效减少非簇头节点和系统整体的能量消耗，同时，簇头和簇组成员对应关系的优化会反过来会影响簇组规模的优化。因此，簇组规模的优化及簇头和簇组成员对应关系的优化是一个相互影响的多目标优化问题，该综合多目标优化模型定义为

$$\min f(E) = (f_1(E_{\text{CH}i}), f_2(E_{\text{CH}i}, E_{\text{NCH}i})) \tag{4-30}$$

该多目标优化模型须满足以下两个限制条件：①每个簇组内总的节点数量至少要多余 2 个，不然就失去了分簇的意义，而变成各个节点和汇聚节点的独立信息传输，即 $2 \leqslant n_i \leqslant N$；②已失效的传感器节点不参与新一轮的节点分簇的形成和优化过程，总体的传感器节点规模会随着通信轮次的增加而逐渐减少，即 $\sum_{i=1}^{k} n_i \leqslant N$。

分簇的形成和优化过程是一个非线性多目标优化问题，尤其是当监测子网规模很大的时候很难通过数值分析的方法得到确切的最优分簇结果，因此，在实际优化过程中往往会采用启发式优化算法进行多目标优化问题的求解，比如粒子群算法（Particle Swarm Optimization，PSO）、遗传算法（Genetic Algorithm，GA）等，本章将基于遗传算法对该问题进行优化求解。

### 4. 基于NSGA-Ⅱ的分簇优化

本章建立的是一个多目标优化模型对节点分簇的结果进行优化，从而在均衡簇头节点能量消耗的基础上最小化所有节点的总能量消耗。而非占优排序遗传算法是一个非常有效的解决多目标优化的方法，本章采用该方法进行模型的

优化并得到最优的分簇结果，优化过程如图 4-7 所示。

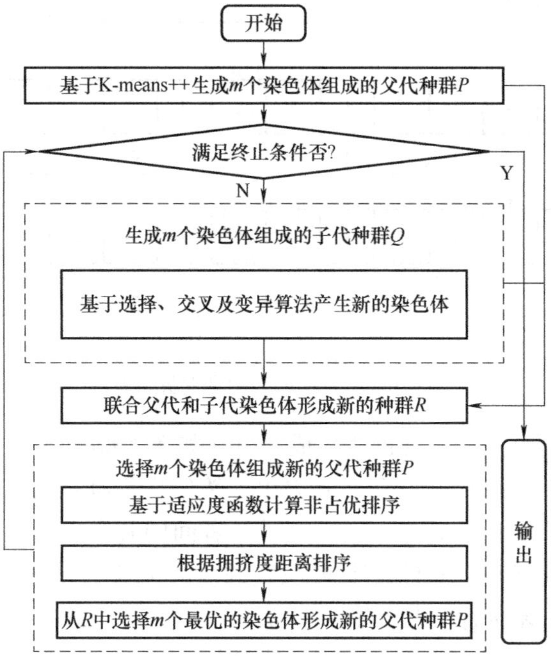

图 4-7　基于 NSGA-Ⅱ的分簇优化过程

（1）种群初始化

基于 NSGA-Ⅱ的优化算法是在初始种群的基础上经过染色体的选择、交叉、变异等过程得到最优染色体的一个过程。本章定义的种群规模（染色体的数量）为 $m$，每一条染色体由 $M$ 个基因组成，每个基因的位置和内容分别代表传感器的位置和对应被分配到的簇序号。如图 4-8 所示，铁路现场的每个传感器在安装的时候都分配了固定的编号 $[1, 2, \cdots, N]$，而簇序号 $[1, 2, \cdots, k]$ 则表示每个传感器被分配到相应的簇中。

所有的染色体都是在初始化种群的基础上经过选择、交叉、变异等操作后产生的，因此种群的初始化将会潜在地影响节点分簇生成、优化的速度及其结果的优劣。目前大部分研究中初始种群中的染色体都是随机生成的，随机方式生成的染色体的基因（节点分簇结果）也是随机地散落在整个解空间中，遗传算法需要经过很多次优化迭代才可以得到最优结果。为了提升遗传算法的优化速度，本章采用基于 K-means++算法将节点分簇进行初始化，为初始种群提供一个接近最优结果的初始染色体，然后在该染色体的基础上使用移码变异的方式生成其余 $m-1$ 个染色体，共同构成规模为 $m$ 的初始父代种群 $P$。

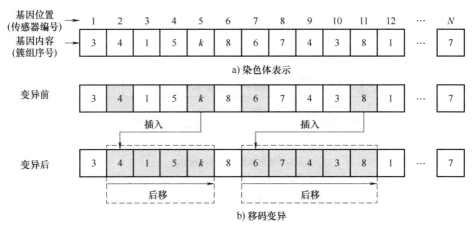

图 4-8  染色体的表示和变异过程

基于移码变异方式进行染色体生成的方式如图 4-8b 所示：首先以一定的概率在初始染色体上随机地选取几对基因组；然后将每对基因组的后一个基因放到前一个基因的后面；最后前一个基因及二者间的其余基因顺序往后挪一个位置，基因对数的选择是由变异概率 $p_m$ 决定的。由于基于 K-means++ 算法产生的初始化染色体中，基因序号接近的节点被分配到同一个簇或者相邻簇的可能性更高，采用移码变异的方式产生的多个染色体在可以保证染色体多样性的前提下，同时确保了初始种群所有染色体都是近似最优的，这样可以大大提升后期采用遗传算法进行分簇优化的速度和效果。

（2）种群优化

铁路安全运行无线监测网对信息传输实时性要求很高，因此需要种群在可以接受的实时性指标限制下快速搜索到最优的染色体（节点分簇结果）。采用基于 NSGA-Ⅱ方法进行种群优化过程中，需要基于父代种群 $P$ 采用选择、交叉和变异的方法形成新的子代种群 $Q$；然后将父代种群和子代种群合并产生一个新的种群 $R$，最后对新种群中的新染色进行非占优排序选择从而挑选最优的 $m$ 个染色体对父代种群进行更新，以此类推直到找到最优的染色体（最佳节点分簇结果）。基于 NSGA-Ⅱ进行种群和染色体优化过程见表 4-2。

表 4-2  基于 NSGA-Ⅱ节点分簇优化算法

| 基于 NSGA-Ⅱ算法的种群优化 |
| --- |
| 输入：算法参数，种群规模 $m$，迭代次数 $T$； |
| 输出：帕累托最优种群 $P$； |
| 步骤1：基于 K-means++ 和移码变异算法产生 $m$ 个染色体并组成初始父代种群 $P$； |
| 步骤2：采用两点交叉、移码变异及俄罗斯转盘选择等方式产生 $m$ 个染色体形成新的子代种群 $Q$； |
| 步骤3：结合父代种群 $P$ 和子代种群 $Q$ 形成新的种群 $R$； |

（续）

**基于 NSGA-Ⅱ算法的种群优化**

**步骤4**：非占优排序 $R(m_i)$

新种群 $R$ 中的所有染色体通过相互间的占优关系被分配到不同的层中：首先非占优的染色体被分配到第一层中；然后剩余染色体中非占优的个体被分配到第二层中，以此类推直到所有染色体被分配到不同的占优层中；最后给同一个占优层中的个体分配相同的帕累托值；

**步骤5**：分配拥挤距离 $D(m_i)$

拥挤距离是多目标优化函数值的和，拥挤距离被用来给同一占优层的不同染色体再次进行等级划分；

**步骤6**：精英选择

精英选择是指基于非占优排序值 $R(m_i)$ 和拥挤距离信息 $D(m_i)$，从新的种群 $R$ 中选择最优的 $m$ 个染色体，对父代种群 $P$ 进行更新。该策略可以保存好父代种群和子代种群中的最优染色体并用于下一个子代的生成，这样可以大大提升遗传算法的效率和最终的优化结果；

**步骤7**：判断是否满足优化结束条件（得到最优结果或者达到最大迭代次数），如果是则在最优种群中选择最优的染色体，并输出最终节点分簇的结果用于感知网信息通信；反之则跳转到步骤2。

本章采用基于俄罗斯转盘的方式对经过两点交叉和移码变异产生的染色体进行选择，从而形成新的子代种群 $Q$。染色体选择的概率模型定义如下：

$$p(c_i) = \frac{g(c_i)}{\sum_{i=1}^{m} g(c_i)} \tag{4-31}$$

式中，$c_i$ 代表第 $i$ 个染色体；$g(c_i)$ 表示该染色体的适应度函数，定义为

$$\max g(c_i) = \left( \frac{1}{f_1(E_{CHi})}, \frac{1}{f_2(E_{CHi}, E_{NCHi})} \right) \tag{4-32}$$

**5. 基于最优分簇结果的信息稳定传输**

完成了簇头的选择与轮值及分簇的生成与优化后，基于能量效率最优化的路由传输协议就确定了，铁路安全运行无线监测子网基于该路由协议进行监测信息从感知层到汇聚层的传输。信息稳定传输阶段分为以下四个步骤：首先，监测子网内的所有传感器根据优化结果被分配到不同的簇内，并选择最优的节点作为簇头；然后，非簇头节点将感知信息发送到对应的簇头节点；再次，簇头节点对收集到的信息进行相应的融合和去冗余处理，这样可以减少冗余信息传输造成的能量和带宽资源浪费；最后，所有簇头节点通过单跳通信的方式将处理后的信息直接发送到对应的汇聚节点。

当节点的能量充足的时候，系统会按照如图 4-3 所示的过程不停地对分簇结构和簇头选择进行更新，并使用优化后的路由协议进行信息的传输。在每一轮的路由协议优化过程中，都是采用能量消耗最小化和均衡化的原则进行的，从而确保了系统整体生命周期的最大化。

## 4.2.4 仿真结果及其分析

对于铁路安全状态监测系统的子网路由协议而言，需要用以下四个准则来对其效能进行评价：

（1）系统有效生命周期

系统有效生命周期是保证监测系统子网的可靠、稳定运行的基础和前提，本章用所有节点存活的通信轮次来表征系统的生命周期。

（2）所有节点总剩余能量

所有节点总的剩余能量的多少可以表征路由协议降低能耗的能力，节点总剩余能量越多表征在通信过程中消耗的能量越少；

（3）各个节点剩余能量的方差

各个节点剩余能量的方差表征了各节点能量消耗的均衡程度，由于能量消耗的不均衡会导致个别节点因能量过早耗尽而失效，而铁路状态监测系统子网需要保证所有节点都保持正常运行。因此节点剩余能量方差越小，越有利于提升系统的生命周期。各个节点剩余能量的方差定义如下：

$$VRE = \frac{\sum_{k=1}^{M} (E_{REk}(r) - \overline{E}_{RE}(r))^2}{M} \tag{4-33}$$

式中，$k$ 是第一个子网监测区域内传感器节点的数量；$E_{REk}(r)$ 是第 $k$ 个节点在第 $k$ 轮通信时的剩余能量；$\overline{E}_{RE}(r)$ 是所有节点剩余能量的均值。

（4）汇聚节点接收到的数据量

铁路状态监测系统子网的使命就是为铁路系统感知和传输充足的数据量，用来对铁路的运行状态进行准确评估，对其运行态势进行精准预测。因此，汇聚节点接收到的数据越多，代表路由协议的监测和传输性能越优秀。

基于以上四个基本准则，本章提出的基于分簇的有效生命周期最大化路由协议（Cluster-based Valid Lifetime Maximization Protocol，CVLMP）与另外两种基于能量效率优化的协议，即基于前向感知因子的能量平衡路由协议（Forward-Aware Factor for Energy Balance Routing Protocol，FAF-EBRP）和多目标模糊聚类算法（Multi-objective Fuzzy Clustering Algorithm，MOFCA）进行对比。为了确保对比的公平性和准确性，本章提出的算法和另外两种算法的仿真环境和参数设置都完全一致，而算法的流程严格按照参考文献［2，3］中的模型进行。另外，为了验证基于 K-means++算法进行种群初始化的优越性，本章还对比了基于种群随机初始化的优化结果。

本章提出的 CVLMP 路由协议与 FAF-EBRP 和 MOFCA 协议在上述四个评价准则方面进行对比，证明了本章提出的能量优化路由协议的高效性，对比结果如图 4-9~图 4-12 所示：

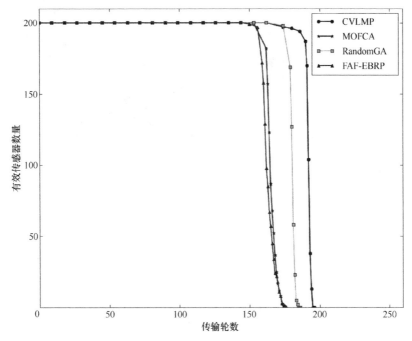

图 4-9 有效传感器节点数量对比

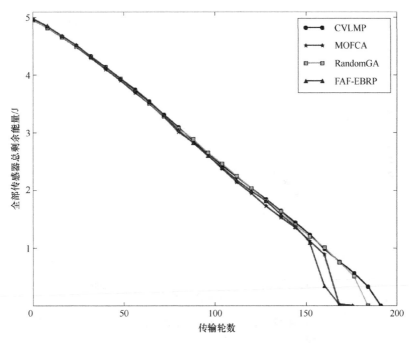

图 4-10 全部传感器节点总剩余能量对比

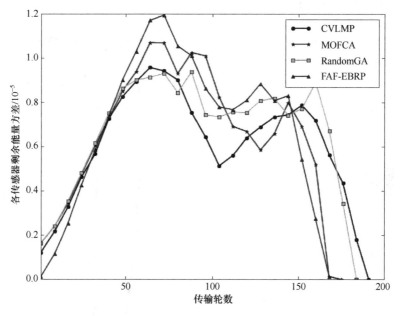

图 4-11　各传感器节点剩余能量方差对比

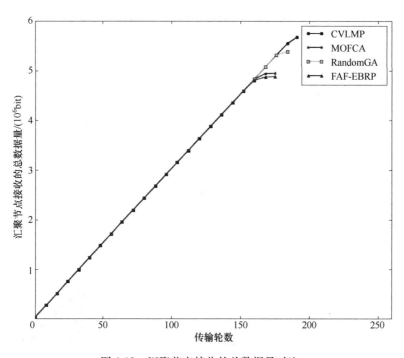

图 4-12　汇聚节点接收的总数据量对比

1）如图 4-9 所示，铁路状态监测系统子网基于本章提出的 CVLMP 路由协议进行通信时，在 190 轮通信之后才有节点开始由于能量耗尽而失效；而基于 FAF-EBRP 和 MOFCA 路由协议的通信，传感器节点分别于 150 轮和 175 轮之后就开始失效。与使用 FAF-EBRP 相比，使用 MOFCA 协议的节点失效的趋势大致相同但表现效果略好。图 4-10 通过所有节点总剩余能量的信息表征了不同路由协议的节能效用，使用这三种协议，总剩余能量的变化曲线都很平滑，但是基于 CVLMP 协议节点总剩余能量更多，因次通信的轮次也更多。

2）如图 4-11 所示，基于 CVLMP 路由协议通信后，各节点剩余能量的方差较 FAF-EBRP 和 MOFCA 更小，代表 CVLMP 路由协议中各节点能量消耗更为均衡，更有利于提高系统的整体有效生命周期。

3）如图 4-12 所示，采用本章提出的 CVLMP 路由协议可保证汇聚节点接收到更多的铁路系统各部件服役状态的信息，约为 FAF-EBRP 和 MOFCA 采集信息的 1.2 倍。因此，本章提出的 CVLMP 路由协议在大幅提升系统生命周期的同时，增加汇聚节点接收的数据量，为铁路监测系统的稳定运行和铁路系统的安全运行提供了强有力的数据和信息支撑。

4）另外，图 4-10~图 4-12 中，展示了基于种群随机初始化的 CVLMP 路由协议的通信结果，与基于 K-means++ 进行种群初始化的 CVLMP 相比，上述 4 项指标均略差。同时，本章在仿真验证过程中发现，采用随机方式生成的初始种群中各染色体的适应度有很大的不确定性，基于近似最优的初始种群可以在有限的更新迭代次数之内得到全局最优解。本章提出的基于 K-means++ 进行种群初始化的方式将极大地提升 NSGA-Ⅱ 优化算法的速度，对信息传输实时性要求极高的铁路系统而言极为重要和有效。

## 4.3　基于算传一体化的铁路状态监测系统子网能量优化

本节首先给出铁路状态监测子网工作模式和能耗协议，并据此分析子网传输策略和计算策略优化方法，最后建立实验验证所提方案的有效性：验证监控场景确定时系统能量效率；验证监控场景多样化时协议的灵敏性。

### 4.3.1　铁路状态监测子网算传一体化工作模式和能耗协议

传感器节点可分为簇头节点（Cluster Head，CH）和非簇头节点，众多 CH 组成了簇头节点集合 CHs。传感器的能量消耗模型由其工作模式决定，定义如下：

（1）非簇头节点：直接传输模式（NDTM）

在这种模式下，非 CH 传感器直接将信息发送给 CH，不需要计算。非 CH

节点通常靠近 CHs，因此，采用自由空间路径损耗模型计算非 CH 节点的能量消耗为

$$E_{NDTM}(i) = l(E_{ele} + \xi_{fs}d_{2CH}^2(i))$$ (4-34)

式中，$E_{ele}$ 为电路接收 1 位数据所消耗的电能；$l$ 为每个非 CH 传感器发送给 CH 的数据包的大小；$\xi_{fs}$ 为自由空间模型的放大器能量系数；$d_{2CH}(i)$ 为第 $i$ 个非 CH 传感器与对应 CH 之间的距离。

（2）CH：直接传输模式（CDTM）

在这种模式下，CHs 从非 CHs 传感器收集信息后，直接向汇聚节点发送信息，其能耗由接收 $E_{CDTM}^r(i)$ 和发送 $E_{CDTM}^t(i)$ 两部分组成。定义 CDTM 模式下 CHs 的能耗模型为

$$E_{CDTM}(i) = E_{CDTM}^r(i) + E_{CDTM}^t(i)$$ (4-35)

各 CHs 接收非 CH 传感器信息所消耗的能量计算为

$$E_{CDTM}^r(i) = \sum_{j=1}^{n_i} l(ij)E_{ele}$$ (4-36)

式中，$n_i$ 表示第 $i$ 个簇中非 CH 传感器的个数；$l(ij)$ 表示从第 $j$ 个非 CH 传感器接收到的数据包大小。

CH 传感器距离汇聚节点较远，采用多径衰落能量冷静模型计算传输能量消耗为

$$E_{CDTM}^t(i) = \sum_{j=1}^{n_i} l(ij)(E_{ele} + \xi_{mp}d_{2SK}^4(i))$$ (4-37)

式中，$\xi_{mp}$ 为多径衰落模型的放大器能量系数；$d_{2SK}(i)$ 为第 $i$ 簇中 CH 传感器到汇聚节点的距离。

（3）CH：汇聚后传输模式（CTAM）

在该模式下，CHs 的能耗由接收 $E_{CTAM}^r(i)$、聚合 $E_{CDTM}^a(i)$ 和发送 $E_{CDTM}^t(i)$ 3 部分组成，计算结果为

$$E_{CTAM}(i) = E_{CTAM}^r(i) + E_{CTAM}^a(i) + E_{CTAM}^t(i)$$ (4-38)

CTAM 在接收信息时消耗的能量与 CDTM 相同，可以使用式（4-36）计算。CH 在数据聚合中消耗的能量由聚合比 $r_i$ 和能耗率 $e_{DA}(r_i)$ 决定，为

$$E_{CTAM}^a(r_i) = L_A(i)e_{DA}(r_i)$$ (4-39)

式中，$L_A(i)$ 为参与信息聚合的数据包大小，其定义为

$$L_A(i) = \eta_i \sum_{j=1}^{n_i} l(ij)$$ (4-40)

式中，$0 \leq \eta_i \leq 1$ 为调整数据参与聚合比例的系数；$l(ij)$ 为第 $j$ 个非 CH 传感器接收到的数据包大小。

CTAM 中 CHs 的传输能量消耗在总数据包大小上与（4-37）不同，计算结果为

$$E_{\text{CTAM}}^{\text{t}}(i) = L(i)\left(E_{\text{ele}} + \xi_{\text{mp}} d_{2\text{SK}}^4(i)\right) \tag{4-41}$$

式中，$L(i)$ 为需要被转发数据包的大小；$\xi_{\text{mp}}$ 多径衰落模型的放大器能量系数。计算结果为

$$
\begin{aligned}
L(i) &= L_{\text{A}}(i) + L_{\text{D}}(i) \\
&= r_i \times \eta_i \sum_{j=1}^{n_i} l(ij) + (1 - \eta_i) \sum_{j=1}^{n_i} l(ij) \tag{4-42} \\
&= \left(1 - (1 - r_i)\eta_i\right) \sum_{j=1}^{n_i} l(ij)
\end{aligned}
$$

式中，$L_{\text{D}}(i)$ 表示直接发送到汇聚节点的数据包，而不进行聚合。

通过数据体积缩减，定义 CH 的数据聚合比为

$$r_i = \frac{L_{\text{A}}(i)}{L(i)} \tag{4-43}$$

传感器的特性随着系统的运行而变化，工作模式的切换由下面设计的优化模型指导。

### 4.3.2 基于算传一体化的子网混合通信和计算策略优化模型

本节将详细介绍所提出的两层通信与计算混合优化（Two-hierarchy Communication & Computation Hybrid Optimization，TCCHO），包括通信优化策略、计算优化策略以及使用 PSO-GA 算法进行的聚类和计算优化。在实际应用中，TCCHO 的运行分为几个回合。每一轮都由设置阶段和稳态阶段组成。分簇和 CHs 在设置阶段进行优化，优化策略的运行和决策都由汇聚节点负责。传感器检测到的所有信息在 CHs 处进行收集和聚合，在稳态阶段传输到汇聚节点。这些回合在整个通信生命周期中重复执行。

#### 1. 传输策略优化

（1）使用 K-means++初始化 CHs 和分簇

当数据量不变时，非 CH 传感器的能量消耗由其与 CHs 之间的距离决定，因此，将相邻的传感器分配到同一个簇中有助于降低非 CH 传感器的能耗。采用 K-means++算法初始化聚类和相应的 CHs，根据传感器的位置信息进行簇的初始化，一方面可以降低能耗；另一方面可以指导 CHs 和簇的进一步优化。

（2）CHs 轮换策略

在基于分簇的协议中，CHs 的能耗远远高于非 CHs 传感器。因此，当通信运行时，在所有传感器之间轮转 CHs 是必要的，以避免一些传感器由于能量耗尽而失效。

在参与 CHs 竞选之前，应对传感器的优先级进行评估，包括基于能量和基于位置的优先选择。选择优先级较高的传感器作为新的 CHs，并在其周围生成新的簇。定义传感器的综合优先级为

$$P(i,ro) = \alpha P_{e}(i,ro) + (1-\alpha) P_{p}(i,ro) \tag{4-44}$$

式中，$P_{e}(i,ro)$ 为传感器基于能量的优先级；$P_{p}(i,ro)$ 为基于位置的优先级；$\alpha$ 为调整 $P_{e}(i,ro)$ 和 $P_{p}(i,ro)$ 对 $P(i,ro)$ 重要性的权重因子。

如上所述，CHs 的能耗比其他传感器要高得多。因此，剩余能量更多的传感器将被选择为可能性更高的 CHs。传感器基于能量的优先级定义为

$$P_{e}(i,ro) = \begin{cases} 0, & E_{re}(i,ro-1) \leq E_{co}(i,ro) \\ \dfrac{E_{re}(i,ro-1) - E_{co}(i,ro)}{Max(E_{re}(i,ro-1) - E_{co}(i,ro))}, & E_{re}(i,ro-1) > E_{co}(i,ro) \end{cases} \tag{4-45}$$

式中，$E_{re}(i,ro-1)$ 为第 $ro-1$ 轮通信结束时第 $i$ 个传感器的剩余能量；$E_{co}(i,ro)$ 为第 $ro$ 轮通信中第 $i$ 个传感器的能量消耗。

非 CH 传感器和 CHs 的能量消耗根据式（4-34）~式（4-41）计算。此外，能量消耗较小的传感器作为 CHs 获取更大的选择概率，而 CHs 的能量消耗与它们到汇聚节点的距离有关。因此，考虑基于位置的优先级，定义为

$$P_{p}(D(i)) = 1 - \frac{e_{DA} + 2E_{ele} + \xi_{mp} D^{4}(i)}{Max(e_{DA} + 2E_{ele} + \xi_{mp} D^{4}(i))} \tag{4-46}$$

式中，$e_{DA}$ 为单位数据处理时的能量消耗。

基于位置的优先级意味着靠近汇聚节点的传感器将获得更高的位置优先级，更有可能被选为 CHs。

按照式（4-44）~式（4-46）进行 CHs 轮转，同时靠近汇聚节点，且剩余能量更高的传感器可以被选择为新的通信轮中优先级更高的新 CHs。

（3）分簇优化策略

CHs 与汇聚节点之间的距离会随着 CHs 轮转而变化，能量消耗也会相应变化。分簇优化策略按照以下方案延长系统生命周期：①调整各簇中非 CH 传感器的数量，以弥补各 CHs 由于距离不同而造成的能量消耗不平衡；②优化 CHs 与非 CHs 传感器的对应关系，使总能耗最小化。在以往的研究中，引入了多目标优化模型的设计与求解[6]。

**2. WSN 的计算策略优化**

CHs 轮换和分簇优化策略侧重于从通信距离优化的角度改进子网络，同时传感器的能量消耗也与传输的数据量有关。因此，从数据处理的角度出发，提出了延长子网生命周期的计算优化策略。更高比例的数据融合可以减少数据量和通信能量消耗，但计算能量消耗会相应增加。为了减少数据计算和通信中的

能量消耗，需要对数据融合比进行优化。此外，各 CHs 之间的通信距离和数据量各不相同，需要动态优化融合比。

在单跳通信模式下，CHs 直接向汇聚节点发送信息，如图 4-1 所示。该模式下各 CHs 相互独立，其能效模型定义为

$$u(r_i^k) = 1 - \frac{E_{\text{CTAM}}(r_i^k, i)}{E_{\text{CDTM}}(i)}, k = (1, 2, 3, 4, 5) \tag{4-47}$$

式中，$E_{\text{CDTM}}(i)$ 为 CH 在 DTM 运行时的能耗，根据式（4-35）计算为

$$E_{\text{CDTM}}(i) = E_{\text{CDTM}}^r(i) + E_{\text{CDTM}}^t(i)$$
$$\approx 2n_i l E_{\text{ele}} + n_i l \xi_{\text{mp}} d_{2SK}^4(i) \tag{4-48}$$

式（4-47）中，$E_{\text{CTAM}}(r_i^k, i)$ 为第 $i$ 个 CH 在第 $k$ 个融合模式 CTAM 处工作时的能量消耗，为

$$E_{\text{CTAM}}(r_i^k, i) = E_{\text{CTAM}}^r(i) + E_{\text{CTAM}}^a(r_i^k, i) + E_{\text{CTAM}}^t(r_i^k, i)$$
$$= n_i l E_{\text{ele}} + \eta_i(n_i + 1) l e_{\text{DA}}(r_i^k) + (r_i^k \times \eta_i + (1 - \eta_i))(n_i + 1) l \times (E_{\text{ele}} + \xi_{\text{mp}} d_{2SK}^4(i))$$
$$\approx (2 - (1 - r_i^k)\eta_i) n_i l E_{\text{ele}} + (r_i^k \times \eta_i + (1 - \eta_i)) n_i l \xi_{\text{mp}} d_{2SK}^4(i) + \eta_i n_i l e_{\text{DA}}(r_i^k) \tag{4-49}$$

根据式（4-48）和式（4-49）计算出 CHs 在两种模式下工作时的能耗差为：

$$\Delta E(r_i^k, i) = E_{\text{CDTM}}(i) - E_{\text{CTAM}}(r_i^k, i) \tag{4-50}$$
$$= a_i \eta_i (b_i(1 - r_i^k) - e_{\text{DA}}(r_i^k))$$
$$a_i = n_i l \tag{4-51}$$
$$b_i = E_{\text{ele}} + \xi_{\text{mp}} d_{2SK}^4(i) \tag{4-52}$$

式中，$a_i$ 表示第 $i$ 个 CH 接收到的数据包；$b_i$ 表示从 CH 节点到汇聚节点的单位数据传输所消耗的能量，由到 CH 节点的距离决定；$e_{\text{DA}}(r_i^k)$ 表示单位数据在 $k$ 级融合时消耗的能量，为离散函数。

$a_i$、$b_i$ 在某些簇中是恒定的，但随着 CHs 轮转和簇更新而变化。

不同簇的传感器数量和 CHs 到汇聚节点的距离各不相同，数据计算和通信能耗也各不相同。因此，调整各 CHs 的融合比，优化数据融合和传输过程中的能耗，提高 CHs 的能源效用至关重要。根据式（4-47）和式（4-50），CH 效用可改写为

$$\mu(r_i^k) = a_i \eta_i (b_i(1 - r_i^k) - e_{\text{DA}}(r_i^k))$$

$$\text{s. t.} \quad 0 \leqslant \eta_i \leqslant 1$$
$$0 \leqslant r_i^k \leqslant 1 \tag{4-53}$$
$$k = (1, 2, 3, 4, 5)$$
$$i = (1, 2, \cdots, n)$$

CHs 与汇聚节点通信，而且它们的通信负荷和通信距离都各不相同。因此，需要对各 CHs 进行优化，使系统能效最大化。系统效用函数被定义为

$$
\begin{cases}
U = \mathrm{argmax} \sum_{i=1}^{m} \left( \mu(r_i^k) \right) \\
\mathrm{s.\,t.} \quad \mu(r_i^k) \geqslant 0;\ i = 1, 2, \cdots, m \\
0 \leqslant r_i^k \leqslant 1;\ i = 1, 2, \cdots, m
\end{cases}
\tag{4-54}
$$

第一个约束条件表明，采用基于数据融合的能量优化策略后，CH 的效用得到了提高。第二个约束表明融合比大于 0 且小于 1。

本章根据分簇规模、CHs 到汇聚节点的距离和计算能量消耗率，对数据的融合比和计算率进行动态优化。系统效用是一个非线性函数，求解过程是一个 NP-hard 问题，很难获得最优解决方案使用的分析方法。因此，启发式算法如遗传算法（GA）和粒子群优化（PSO）将获得全局最优的有效解决方案，减少所有 CHs 的能源消费总量，并改善系统能量效用。

粒子群算法在适应度函数的指导下更新粒子的个体和全局最优位置，从而有效地获得最优解。但当初始粒子的选择距离最优解很远时，容易陷入局部优化。遗传算法通过选择、交叉和变异等复杂操作获得全局最优解是有效的，但优化过程需要耗费大量的时间和精力。验证了 PSO-GA 混合算法是解决约束优化问题[8,9]的有效方法，并采用改进的 PSO-GA 算法对大规模网络[10]和无线传感器网络[11]中的路由进行优化。PSO-GA 具有良好的性能，因此，采用混合 PSO-GA 优化策略获得全局最优解。

表 4-3 详细介绍了所提出的混合 PSO-GA 算法。假设有 $m$ 个 CHs 参与信息融合，$n$ 个粒子（种群）参与 TCCHO 优化（见图 4-13）。每个粒子都包含 CHs 的簇信息和压缩比，首先对混合算法的参数进行初始化，生成 $n$ 个粒子和种群。然后计算粒子的适应度值为式（4-54）所示的系统效用值，个体极值 $P = [P_1, \cdots, P_j, \cdots, P_m]$ 表示第 1 个粒子的最佳解，且全局极值 $P_g = [P_{g1}, \cdots, P_{gi}, \cdots, P_{gm}]$ 代表所有粒子的最佳位置被记录下来。此外，利用两点交叉和移位变异方法对粒子进行更新，两点交叉是在染色体对中随机选择两点，交换两点之间的部分。在移位突变中，随机选择两个基因，将后基因插入到前基因前面，前面基因后面的基因向后移动。突变可以保证遗传多样性，避免陷入局部最优。最后，系统重复优化操作，直到得到最优计算比。

## 4.3.3 基于算传一体化的能量优化模型仿真结果分析与验证

本节将验证所建议模型的性能：首先，平衡各 CHs 层的通信和计算能耗，以提高各 CHs 的能量效率；其次，调整各 CHs 压缩比，提高系统能效。仿真结果表明，该模型的能量效率优于对信息数据进行恒定压缩、自适应压缩和不压缩的策略。

**表 4-3 两层通信与计算的 PSO-GA 算法**

**算法**：基于 PSO-GA 的两层通信与计算混合优化

**输入**：PSO-GA 算法的参数

CHs 和系统实用程序的初始化参数优化模型，包括 WSN 结构、部署的传感器、传感器 $E_{in}$ 的初始能量、传感器的总数 $N$，$k$ 集群的数量。混合 PSO-GA 算法的参数包括入口的规模，迭代次数 $T$，交叉概率 $P_c$、变异概率 $P_m$ 等，根据这些参数生成初始粒子。

**步骤 1**：使用 K-means 算法初始化聚类；

**步骤 2**：选择综合优先级高的传感器作为 CHs；

**步骤 3**：随机初始化 CHs 压缩比；

**步骤 4**：生成粒子群中的个体；

**步骤 5**：计算粒子的适应度值；

**步骤 6**：通过交叉和变异生成新的子代；

**步骤 7**：判断终端标准是否满足。如果满足，回到步骤4；如果不满足，输出最优解。

**输出**：最优集群，CHs 和每个 CH 的压缩比。

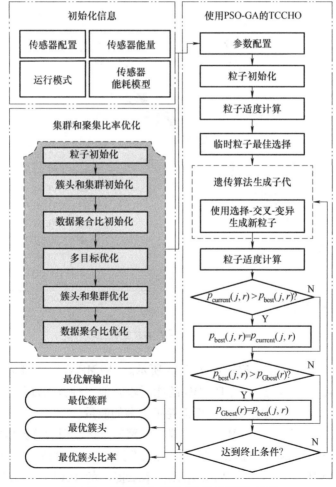

图 4-13 基于混合 PSO-GA 的 TCCHO 优化

从以下两个方面验证了所提方案的有效性：①监控场景确定时系统的能量效率；②监测场景多样化时，协议的灵敏度。为了验证协议的有效性和通用性，在随机部署传感器的情况下进行了100次仿真，第1个节点、一半节点和最后一个节点在通信回合中的性能表现出相似的对比关系。因此，本部分随机选取了一个仿真结果来证明所提出协议的有效性。

**1. 特定的监控场景**

本监控场景中，固定传感器数量和监测面积，通过存活传感器数量、总能量消耗和汇聚节点接收的总数据包来验证能量效率。

在CVLMP-CC $l$递增的条件下，比较和验证了所提出的TCCHO协议的性能，经过CH和簇优化后CVLMP-AC的压缩比是自适应的。仿真结果如图4-14和图4-15所示。

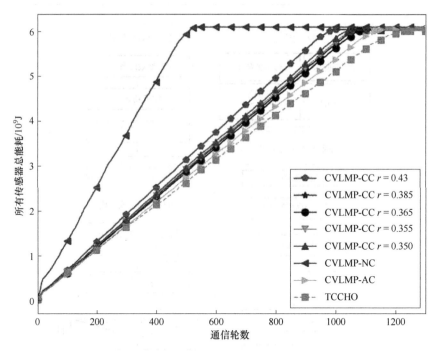

图 4-14　所有传感器的总能耗比较

1）不同协议的总能耗比较如图4-14所示。CVLMP-CC、CVLMP-AC和TC-CHO的总能耗均平稳增长，且TCCHO的能耗较其他三种方式都低。CVLMP-NC系统由于传输了最多的原始数据包而消耗了更多的能量。

2）如图4-15所示，CVLMP-NC协议在汇聚节点接收到的总数据比其他协议多很多，但是原始数据，原始数据中有很多冗余信息，对预测预警没有帮助。因此，与CVLMP-CC和CVLMP-AC相比，本章提出的TCCHO协议实现了更多

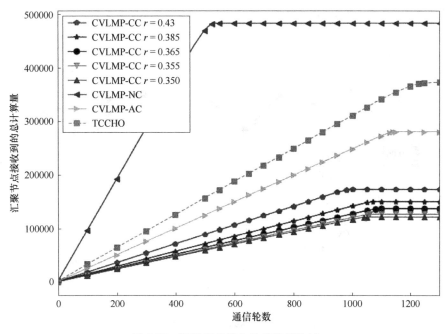

图 4-15 汇聚节点接收的总数据比较

的传输轮数和数据采集，保持监测的持续时间和有效性是至关重要的。

**2. 不同监测场景**

分别比较了三种不同监控场景下使用不同协议的在活传感器数量。利用 CVLMP[6] 中的方法计算了簇数，不同的仿真参数会产生不同的簇数。场景及对应参数说明如下：

（1）传感器个数不同

本场景（见图 4-16）设置传感器数量在一定范围内变化，监测范围和汇聚节点位置固定。研究发现，随着监测区域中传感器数量的变化，TCCHO 协议的系统生命周期总是大于其他协议。

（2）区域的边长不同

本场景设置（见图 4-17）监测区域边长在一定范围内变化，传感器个数和汇聚节点位置固定。结果表明，随着监测范围的扩大，系统的生存期也在增加，这是因为汇聚节点的位置是确定的，随着监测场的增大，传感器到汇聚节点的距离缩短，能量消耗也相应降低。使用 TCCOH 的系统的生命周期仍然比其他系统更长。

（3）到汇聚节点的最短距离不同

本场景设置（见图 4-18）汇聚节点的最短距离在一定范围内变化，传感器

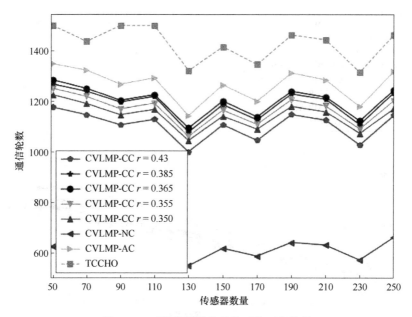

图 4-16　不同传感器数量的系统通信轮数

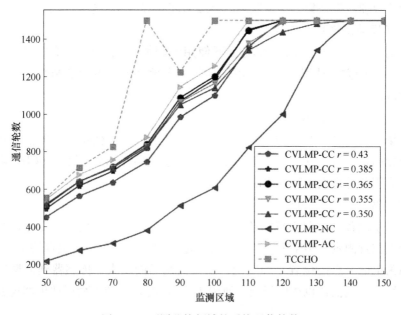

图 4-17　不同监控领域的系统通信轮数

个数和监测区域面积固定，研究表明，随着汇聚节点的位置离监测区域越远，系统生命周期越小。此外，当通信能量比计算能量消耗大得多时，该压缩策略将起作用。同样，采用 TCCHO 协议的系统的能量效率始终优于其他协议。

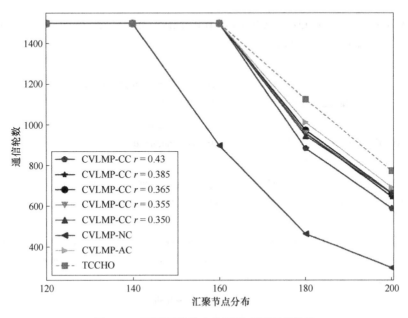

图4-18 不同汇聚节点位置的系统通信轮数

## 4.4 本章小结

铁路基础设施及运行环境状态监测系统无线传感网对保证铁路系统安全运行至关重要，而监测子网内各个传感器节点生命周期是监测网可靠稳定运行的保证。本章首先构建铁路 WSN 子网结构，之后提出了一种创新的 CVLMP 路由协议，通过簇头节点的选择和轮值来避免簇头节点因能耗过大而失效；通过分簇的优化来保证簇头节点能耗的均衡性和所有节点能耗的最小化，从而实现了监测子网的生命周期的最大化。

此外，考虑到系统子网中节点的能耗主要由数据处理能耗和数据传输能耗组成，数据的处理能耗是由数据融合率及其相应的融合耗能效率来决定的，数据传输能耗是由簇头节点到汇聚节点的距离及传输的数据量决定的。而当簇头节点到汇聚节点的距离确定时，数据融合率成为数据处理和传输能耗的决定因素。因此，本章通过优化簇头节点处数据融合率来优化簇头节点处数据的处理及传输量和相应能耗，从而提升簇头节点和子网系统的整体能量效率，最大化系统的生命周期。

# 参 考 文 献

［1］ JAWHAR I, MOHAMED N, AGRAWAL D P. Linear wireless sensor networks：Classification and applications ［J］. Journal of Network & Computer Applications, 2011, 34 （5）：1671-1682.

［2］ BO W, LI Z, LI X. Safety analysis of world railway passenger transport based on accident statistics ［J］. Railway Quality Control, 2016 （10）：11.

［3］ 王军. 高速铁路道岔智能监测系统的研发 ［D］. 兰州：兰州交通大学，2013.

［4］ HARRINGTON R. The railway accident：trains, trauma and technological crisis in nineteenth century Britain ［R］. 2007.

［5］ ZHAN Q, ZHENG W, ZHAO B. A hybrid human and organizational analysis method for railway accidents based on HFACS-railway accidents （HFACS-RAs） ［J］. Safety Science, 2017, 91：232-250.

［6］ MA X P, DONG H H, LIU X, et al. An optimal communications protocol for maximizing lifetime of railway infrastructure wireless monitoring network ［J］. IEEE Transactions on Industrial Informatics, 2018, 14 （8）：3347-3357.

［7］ WANG Z J, HU H. Improved precast production-scheduling model considering the whole supply chain ［J］. Journal of Computing in Civil Engineering, 2017, 31 （4）：Art. no. 04017013.

［8］ GARG H. A hybrid PSO-GA algorithm for constrained optimization problems ［J］. Applied Mathematics and Computation, 2016, 274：292-305.

［9］ WANG Z J, HU H, GONG J. Framework for modeling operational uncertainty to optimize off-site production scheduling of precast components ［J］. Automation in Construction, 2018, 86：69-80.

［10］ NIK A A, NEJAD F M, ZAKERI H. Hybrid PSO and GA approach for optimizing surveyed asphalt pavement inspection units in massive network ［J］. Automation in Construction, 2016, 84：325-345.

［11］ Agnihotri A, Gupta I K. A hybrid PSO-GA algorithm for routing in wireless sensor network ［C］. IEEE 4th International Conference on Recent Advances in Information Technology （RAIT）, 2018：1-6.

# 第5章 铁路基础设施及运行环境状态监测WSN骨干网协议优化

本章主要对信息在骨干网中采用基于多跳通信的路由协议对综合效能优化的影响展开研究，本章设计了一种自适应优化算法，可以根据监测和传输业务类型的变化而自适应地调整路由协议，满足不同业务的监测生命周期和传输实时性的要求，进而提升传输骨干网的综合效能。

## 5.1 铁路基础设施及运行环境状态监测 WSN 骨干网结构及关键问题

首先，本节通过优化基于多跳通信的骨干网的路由协议，在保证关键信息传输实时性的前提下，最大程度地提升了监测系统骨干网的生命周期。为下文骨干网路由协议的优化研究奠定了基础。

### 5.1.1 铁路基础设施及运行环境状态监测 WSN 骨干网结构

铁路系统基础设施及运行环境都是沿轨道线路分布的，负责子网信息采集的汇聚节点在轨旁沿线安装的，将其称为骨干网，其结构如图 5-1 所示。

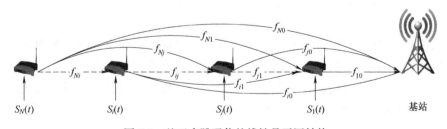

图 5-1　基于多跳通信的线性骨干网结构

该骨干网中各节点是沿轨道沿线线性排列的，而基站往往布设在监测区域的一侧，各节点到基站间的距离差距很大，远离基站一侧的汇聚节点很难直接与基站进行单跳通信，因此在该线性网络中一般采用基于多跳通信的传输方式。在该线性传输网络中，各汇聚节点既是信息的收集者，负责从子网层接收传感器节点发送的感知信息，又是中继节点，用于转发其余汇聚节点发送的信息。靠近基站的节点，通信负载越大，能耗越大，但是信息传输的时延较小；而远离基站的节点信息是通过临近节点转发的，通信能耗小，但是通信时延大。为了保证各节点信息传输的实时性和骨干网传输网的可靠性，需要对基于多跳的路由传输协议进行优化。

本章中子网是按照基站间的距离进行等距离划分的，汇聚节点是布置在监测子网的正上方，因此骨干网中汇聚节点之间的距离相同，该传输网络是一个等距离多跳传输结构，该信息通信结构具备以下五个特点：

1）节点线性分布。基于分簇的通信结构中，节点是在一个有限的空间内密集分布的，而在线性通信结构中，通信节点是按照直线或者近似直线的方式进行部署的，节点在信息通信时可选择的路径较少。

2）多跳通信方式。在线性通信结构中，大部分节点距离基站较远，受限于发射功率无法与基站进行直接通信；即便可以直接通信，远距离的直接通信也会带来很大的能量消耗，不利于保障节点的生命周期。因此，线性通信网络中多采用多跳通信的方式进行信息传输。

3）节点负载不均衡。在线性通信结构中，由于数据都是通过多跳方式进行传输的，因此靠近基站的节点往往会承载更多的通信负载，从而导致过多的能耗而失效并在基站周边形成"能量空洞"，影响系统的连接性和数据传输的稳定性。

4）网络可靠性低。在以多跳传输方式为基础的线性通信网络中，各汇聚节点既是自身数据的收集发送端点，也是其余节点数据的转发节点。同时受多跳转发距离的限制，个别节点的失效可能会导致部分节点脱离整个骨干网，造成网络和信息传输的中断。

5）时延的增加。在以多跳传输方式为基础的线性通信网络中，离基站较远的汇聚节点发送的数据需要经多次转发才可以到达基站，这样会大大增加数据传输的时延。

铁路安全运行无线监测网的可靠性及其生命周期是保证监测数据可靠、稳定传输的基础，而时延是保证信息高效传输的重要指标。本章通过优化基于多跳通信的骨干网的路由协议，在保证关键信息传输实时性的前提下，最大可能地提升了监测系统骨干网的生命周期。

## 5.1.2 铁路基础设施及运行环境状态监测 WSN 骨干网关键问题

铁路无线监测网的监测对象涉及运行车体及其运行状态、基础设施及系统运行环境等各个方面。其中车体及其运行状态的信息主要通过车地通信的方式进行传输，其余地面监测信息则需要通过监测通信网进行传输。不同监测对象对监测网络性能的需求各不相同，其中突发事件或者与列车运行安全关系密切的监测对象对信息传输的实时性要求比较高，需要系统对运行动作及时做出响应；而对于基础设施形变、沉降等信息，则需要监测系统进行长期不间断的探测，对监测系统生命周期的要求比较高。因此，系统需要针对不同监测对象的不同的需求，自适应地调整监测网络通信模式，以求满足不同监测业务各自的监测和信息传输需求，提升监测网络的整体效能。

本章主要研究铁路基础设施及其运行环境的监测对象信息的传输，这些监测对象主要可以分为四类：线上设施服役状态、线下设施的服役状态、弓网和接触网服役状态及铁路系统运行环境状态。不同监测对象的监测手段、采集的数据量、数据类型及其信息传输的通信需求都不同，为了保证各监测对象的信息都可以按需传输，本章在设计自适应模型调整参数的时候充分考虑不同业务各自的特性。铁路基础设施及其运行环境无线感知网监测对象、监测手段及其对应的数据特征见表5-1。

**表 5-1　铁路无线感知网监测对象、监测手段及其生命周期和实时性要求**

| 监测对象 | | 监测手段 | 生命周期要求 | 实时性要求 |
|---|---|---|---|---|
| 线上设施服役状态 | 钢轨纵向应力 | 超声导波技术 | 0.7 | 0.3 |
| | 钢轨爬行与位移 | 爬行和位移传感器 | 0.7 | 0.3 |
| | 钢轨完整性 | 超声导波技术 | 0.5 | 0.5 |
| | 钢轨磨损 | 机器视觉监测 | 0.4 | 0.3 |
| | 轨道道岔伸缩调节器 | 光纤光栅应变感测器 | 0.7 | 0.7 |
| | 钢轨刚度 | 动态负荷监测轨检车 | 0.3 | 0.4 |
| | 异物侵限 | 基于机器视觉的监测 | 0.9 | 0.7 |
| 线下设施服役状态 | 轨道路基沉降 | 徕卡全站监控系统 | 0.5 | 0.1 |
| | 轨道边坡状态 | 车载激光扫描仪和光纤光栅阵列传感器 | 0.5 | 0.6 |
| 弓网和接触网服役状态 | 铁路牵引供电系统 | 非接触式红外测温，火警探测器，温湿度传感器等 | 0.9 | 0.9 |
| | 铁路弓网服役状态 | 加速度传感器，棘轮偏差角度传感器，电缆夹式温度传感器 | 0.7 | 0.9 |
| | 铁路悬挂张力、弹性和振动 | 接触线和悬链式张力测量传感器，接触导线振动测量传感器，悬挂线弹性测量传感器 | 0.6 | 0.5 |
| | 铁路吊线在线检查设备 | 缩放仪弧测量仪和高精度机器视觉 | 0.5 | 0.7 |
| | 铁路受电弓图像识别 | 视频和图像获取和处理技术 | 0.9 | 0.7 |

（续）

| 监测对象 | | 监测手段 | 生命周期要求 | 实时性要求 |
|---|---|---|---|---|
| 铁路系统运行环境状态 | 地质灾害监测 | 地震检波器、滑坡和泥石流探测 | 0.3 | 0.1 |
| | 恶劣的天气监测（雪，雾，雨，沙） | 激光检测设备，视频和图像获取和处理技术 | 0.1 | 0.9 |
| | 常规天气监测（风，温度） | 测温计，温度和湿度传感器 | 0.9 | 0.9 |

注：该分类和监测对象的生命周期及实时性需求根据国家高科技研究与发展计划项目总结（863 项目：No. 2011AA11A102）.

本章将各业务的对监测和传输系统的实时性及生命周期需求按照其重要程度分为 5 个等级：很高（0.9），高（0.7），中等（0.5），低（0.3），很低（0.1）。如表 5-1 所示，大部分铁路的线上和线下基础设施的服役状态都是渐变的，因此该类业务对监测系统生命周期的需求更大而对实时需求就略小；然而，对于系统的突发故障或者危险事件而言，则对监测系统信息传输的实时性要求远高于生命周期需求。弓网和接触网是铁路系统运行的动力来源，为避免由于供电系统的故障引发的重大安全事故的发生，弓网和接触网不仅需要不间断的监测而且需要将该系统的状态及时传输到数据中心，该类业务对监测系统生命周期和实时性的要求都很高。铁路系统运行环境对系统的安全运行也至关重要，其中地址灾害（山体滑坡、泥石流、地震、火山）等信息需要实时进行传输，而传统的温湿度等常规气象信息则需要长时间不间断的监测。

## 5.2　基于多跳通信的骨干网路由协议优化

铁路无线感知网监测对象复杂多样，各监测对象对传输网的通信需求也各不相同，为了满足系统内所有业务的需求，提升系统的整体性能，本节基于各监测对象的业务需求，结合各监测对象的数据特征，建立了一套完备的铁路无线感知网多跳通信路由优化协议。

### 5.2.1　基于多跳通信的骨干网路由协议整体架构

铁路无线监测骨干网自适应多跳路由协议总体结构由以下五部分组成，如图 5-2 所示：①路由协议优化硬件结构输入层，包括监测传输网络的整体通信结构及其传输数据特征；②路由优化协议数据输入层，包括感知网监测对象，监测数据的容量、数据特征及其通信需求；③路由协议优化模型算法层，该路由优化协议兼顾了不同监测对象对信息监测生命周期和通信实时性的不同需求，

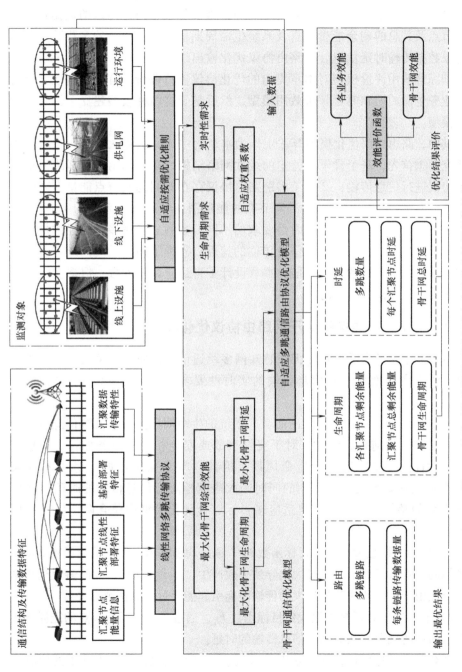

图 5-2　铁路无线监测骨干网自适应多跳路由协议总体结构

建立了自适应多目标优化模型，可以根据实际需求自适应地调整优化参数，有效提升系统的整体效能；④路由协议优化结果输出层，主要包括：不同监测对象信息传输的路由规划，确定多跳路径的链路及每条链路上传输的数据量；各汇聚节点及其总的剩余能量信息及系统生命周期信息；系统总的多跳数和各监测对象数据传输时延信息。⑤路由协议优化输出结果评价层，本章提出了一种多准则综合效用评价模型对本章提出的优化协议进行评价，首先分别建立所有监测业务生命周期和时延评价效用模型，然后基于这两种模型建立了综合效用评价模型。

其中，路由协议优化模型算法层作为本章的主体，主要从以下 4 个方面展开研究：①首先，基于骨干网特定的线性网络结构，本章选用基于多跳通信的路由协议进行信息传输；②基于多跳路由协议存在的问题及节点能量有限的条件，本章通过最小化和均衡各汇聚节点的能量消耗来最大化系统的生命周期；③基于不同业务对信息传输实时性要求的不同，本章通过对多跳路径的优化调度来减少实时性要求高的业务信息传输的速度；④为了满足系统内所有业务的不同需求，提升系统的整体性能，本章设计了自适应调整参数，根据实际需求调整参数及优化模型的结构。

## 5.2.2　基于多跳通信的骨干网路由协议优化模型

本小节建立了自适应铁路无线感知网多跳通信路由协议，满足不同业务的信息监测生命周期需求和信息传输的实时性要求。算法的具体流程如图 5-3 所示。

对于铁路无线感知网骨干网而言，系统的生命周期是保证监测信息传输稳定性和可靠性的前提，然而，对于突发事故或安全相关的业务而言，信息传输的实时性的重要性远高于生命周期。因此，本章根据不同业务的不同需求，在最大化系统的生命周期的同时最大限度地降低信息传输的时延，从而提升系统的整体效能。在该自适应多目标综合优化模型中包含两个优化目标函数：

1）生命周期最大化优化目标函数 $F_E$，通过均衡各节点间能量消耗来避免靠近基站的节点由于通信载荷过大而导致失效产生"能量空洞"，同时避免远离基站的节点由于过少的跳数和过大的传输距离引起能耗过大致使节点失效。

2）节点通信时延最小化优化目标函数 $F_T$，通过最小化所有节点的能耗来减少节点通信的跳数，从而降低信息传输的时延。

结合两个优化目标，本章建立了自适应多目标优化模型，模型中的所有参数见表5-2。

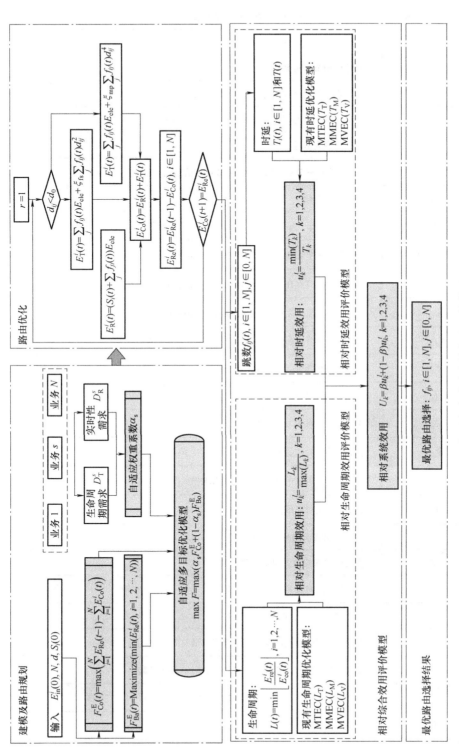

图 5-3　自适应多跳路由协议流程结构图

### 表 5-2　模型参数列表

| 参　　数 | 描　　述 |
|---|---|
| $\alpha$ | 自适应调节权重系数 |
| $i$ | 源汇聚节点的序列编号，$i=1$，2，$\cdots$，$N$ |
| $j$ | 目的汇聚节点的序列编号，$j=0$，2，$\cdots$，$N-1$ |
| 0 | 基站的序列编号 |
| $f_{ij}$ | 从第 $i$ 个汇聚节点到第 $j$ 个汇聚节点的信息发送链路 |
| $N$ | 汇聚节点总数 |
| $E_{\mathrm{Re}}^{i}(t-1)$ | 第 $i$ 个汇聚节点在完成 $t-1$ 轮通信后的剩余能量 |
| $E_{\mathrm{Co}}^{i}(t)$ | 第 $i$ 个汇聚节点在第 $t$ 轮通信时的能量消耗 |
| $E_{\mathrm{R}}^{i}(t)$ | 第 $i$ 个汇聚节点在第 $t$ 轮进行数据接收消耗的能量 |
| $E_{\mathrm{T}}^{i}(t)$ | 第 $i$ 个汇聚节点在第 $t$ 轮进行数据发送消耗的能量 |
| $S_{i}(t)$ | 第 $i$ 个汇聚节点在第 $t$ 轮通信时从监测子网中收集的数据 |
| $E_{\mathrm{ele}}$ | 汇聚节点的电路能耗系数 |
| $\xi_{\mathrm{fs}}$ | 自由空间能耗功放系数（$d^2$） |
| $\xi_{\mathrm{mp}}$ | 多径衰落功能耗功放系数（$d^4$） |
| $E_{\mathrm{Initial}}^{i}$ | 汇聚节点 $i$ 的初始能量 |
| $D_{\mathrm{T}}^{s}$ | 第 $s$ 个监测对象的传输生命周期需求 |
| $D_{\mathrm{R}}^{s}$ | 第 $s$ 个监测对象的实时性传输需求 |
| $\eta$ | 生命周期需求的放大权重系数 |
| $\xi$ | 实时性需求的放大权重系数 |
| $T_{i}$ | 第 $i$ 个监测对象的时延 |
| $T$ | 骨干网的系统传输时延 |
| $k_{i}$ | 从第 $i$ 个汇聚节点出发的多跳链路数量 |
| $r_{im}$ | 从第 $i$ 个汇聚节点到基站信息传输的第 $m$ 条多跳路由 |
| $h_{ij}$ | 从第 $i$ 个汇聚节点到第 $j$ 个汇聚节点的多跳链路数 |
| $T_{aj}$ | 在第 $j$ 个汇聚节点的信息传输到达时间 |

（续）

| 参　数 | 描　述 |
|---|---|
| $p$ | 源汇聚节点和基站之间进行信息中继的汇聚节点标号 |
| $q$ | 源汇聚节点和基站之间进行信息中继的最后一个汇聚节点标号 |
| $\beta$ | 生命周期和时延效用权重的调节系数 |
| $u_k^l$ | 第 $k$ 个对比路由协议的生命周期效用 |
| $u_k^t$ | 第 $k$ 个对比路由协议的时延效用 |
| $k$ | 用来对比的路由协议的下标 $k = 1,2,3,4$ |

$$\max F = \max(\alpha F_{\mathrm{E}} + (1-\alpha)F_{\mathrm{T}}) \tag{5-1}$$

式中，$\alpha$ 是自适应调节参数，用于调整生命周期和实时性要求对系统整体优化目标的权重，该自适应调整参数和各监测对象的通信需求息息相关。

模型中的各部分将在该节接下来的部分做详细介绍。

如图 5-1 所示，该铁路无线感知信息传输线性骨干网中由 $N$ 个汇聚节点和 1 个基站组成，本章假设各汇聚节点发送的数据包都可以任意划分为多个小数据包，并通过不同多跳路径进行转发，每个小数据包都携带初始汇聚节点的编号信息，分包转发后的信息最后在基站处根据汇聚节点编号信息进行重组，完成重组后由基站统一发送到远程数据服务中心。每一个汇聚节点负责一个子网的数据收集 $(S_i(t), i=1,2,\cdots,N)$，该多目标优化函数的优化目标就是得到一个最优的多跳传输路由矩阵：

$$\boldsymbol{G} = \begin{bmatrix} f_{N,N-1} & \cdots & f_{N,j} & \cdots & f_{N,0} \\ \vdots & & \vdots & & \vdots \\ 0 & \cdots & f_{i,j} & \cdots & f_{i,0} \\ \vdots & & \vdots & & \vdots \\ 0 & 0 & 0 & 0 & f_{1,0} \end{bmatrix} \tag{5-2}$$

**1. 系统生命周期最大化优化模型**

铁路无线感知网线性骨干传输网的生命周期是由汇聚节点的生命周期决定的，而汇聚节点的生命周期受限于节点的能量存储。本章通过节点总体能耗的最小化和节点间能耗的均衡化来最大限度地提升系统的生命周期。

汇聚节点发送能耗是由节点信息传输的距离和传输的数据量决定的。一方面，由于各汇聚节点距基站的距离不同，如果各汇聚节点和基站直接进行数据传输就会造成各汇聚节点间能耗的不均衡，从而导致远离基站的汇聚节点因能量耗尽而失效；另一方面，在多跳传输方式下，各节点传输的负载载荷各不相同，如果各汇聚节点间信息都层层转发，靠近基站的节点可能会因载荷和相应能耗过大而失效。铁路无线感知网线性骨干传输网中，每个汇聚节点负责一个监测子网信息的收集和传输，同时还承担其他汇聚节点信息中转的任务。任何一个汇聚节点的失效，不仅会导致其负责的监测子网内信息传输的中断，还有可能导致骨干网被分成几个孤立的区段，导致骨干网信息传输的不畅通，降低整个监测网的生命周期。因此，需要均衡各汇聚节点间的能量消耗，保证各个节点存活周期的均衡化，从而有效提升系统的整体生命周期。

汇聚节点本轮信息传输的能耗是基于上一轮剩余能量的基础上进行的，因此，最大化所有汇聚节点中最小的剩余能量比均衡各汇聚节点的消耗能量对提升系统生命周期而言更为有效。优化模型定义如下：

$$F_{Ba}^E(t) = \text{Maximize}(\min(E_{Re}^i(t), i = 1, 2, \cdots, N)) \tag{5-3}$$

通过最大化各汇聚节点中最小的剩余能量可以有效提高该节点的生命周期，从而提升系统整体的生命周期。

### 2. 骨干网监测业务及系统跳数优化模型

对铁路无线感知网线性骨干网而言，系统中节点的能耗是影响系统生命周期的决定性因素。汇聚节点主要能耗集中于信息的转发过程，能耗量由节点转发信息的数据量和发送的距离决定的。对于多跳通信方式而言，跳数的多少和每一跳传输数据量和距离的选择和优化将大大减少系统的整体能耗。研究发现，在最小化骨干网整体能耗的同时，各监测对象数据传输及系统整体的跳数都会随之减少，因此，本章通过最小化系统总能耗的方式来对各监测对象及骨干网整体的跳数进行优化。

假设所有汇聚节点的初始能量都是相同的，因此最小化汇聚节点的总体能耗等效于最大化所有节点的总剩余能量，优化模型如下：

$$F_{Co}^E(t) = \max\left(\sum_{i=1}^N E_{Re}^i(t-1) - \sum_{i=1}^N E_{Co}^i(t)\right) \tag{5-4}$$

每个汇聚节点总的能量消耗是由信息接收能耗和信息发送能耗两部分组成，基于线性网络多跳通信的汇聚节点能耗模型如下：

$$E_{Co}^i(t) = E_R^i(t) + E_T^i(t) \tag{5-5}$$

式中，$E_R^i(t)$ 为汇聚节点从子网和其余汇聚节点接收数据时的能量消耗，定义如下：

$$E_R^i(t) = \left(S_i(t) + \sum_j f_{ji}(t)\right) E_{ele}$$
$$\text{s. t. } i < j, \ i \in [1, N], \ j \in [2, N]$$
$$f_{ji}(t) \geq 0 \ \text{当} \ i < j$$
$$f_{ji}(t) = 0 \ \text{当} \ i \leq j \tag{5-6}$$

其中，第 1 个限制条件表征汇聚节点接收的信息只往基站方向进行前向传输；第 2 和第 3 个限制条件表征每条多跳链路上传输的数据包都是非负的。

模型（5-5）中 $E_\text{T}^i(t)$ 代表第 $i$ 个汇聚节点在第 $t$ 轮信息中转过程中的能量消耗，定义为

$$E_\text{T}^i(t) = \begin{cases} \sum_j f_{ij}(t)E_\text{ele} + \xi_\text{fs} \sum_j f_{ij}(t)d_{ij}^2, \ d_{ij} < d_0 \\ \sum_j f_{ij}(t)E_\text{ele} + \xi_\text{mp} \sum_j f_{ij}(t)d_{ij}^4, \ d_{ij} > d_0 \end{cases}$$

$$\text{s.t.} \ i > j, \ i \in [1, N], \ j \in [0, N]$$
$$f_{ij}(t) \geqslant 0, \text{当} \ i > j$$
$$f_{ij}(t) = 0, \text{当} \ i \leqslant j \tag{5-7}$$

其中，第 1 个限制条件表征汇聚节点接收的信息只往基站方向进行前向传输；第 2 和第 3 个限制条件表征每条多跳链路上传输的数据包都是非负的。

假设每个汇聚节点每一轮通信中从监测子网接收到的数据量是一样多的，而且在骨干网每一轮通信结束之后，基站接收到的从各汇聚节点来的数据量和汇聚节点发送的数据量是一样的，这说明在信息传输的过程中没有数据的产生和丢包

$$\sum_j f_{ij}(t) = \sum_j f_{ji}(t) + S_i(t), \ i \in [1, N] \tag{5-8}$$

优化模型式（5-5）汇聚节点的剩余能量的计算如下：

$$E_\text{Re}^i(t) = E_\text{Re}^i(t-1) - E_\text{Co}^i(t), \ i \in [1, N]$$
$$E_\text{Re}^i(0) = E_\text{Initial}^i, \ i \in [1, N] \tag{5-9}$$

式中，$E_\text{Initial}^i$ 是汇聚节点的初始能量，在节点安装之时就确定好了。

**3. 系统时延最小化优化模型**

铁路无线感知网骨干网多跳传输系统中，各汇聚节点的数据包都被按需切分为多个小的数据包，然后所有小的数据包在基站处进行重组，重组后的数据包才具备了完整的数据意义。在多跳传输模式中，每个中转节点都是在完成本轮中所有数据的接收后才会进入数据的传输阶段，汇聚节点传输数据的时延会随着分包数量和传输跳数的增加而增加。因此，如表 5-3 所示需要在最大化系统生命周期的同时，优化系统中各业务的跳数，并采用跳数调度算法优化各跳的传输顺序，从而最小化系统中关键业务和系统整体的信息传输时延。

**表 5-3　铁路无线监测系统骨干传输网多跳调度算法**

**基于多跳调度算法的各监测对象数据传输及系统时延最小化**

**输入**：最优通信跳数及其链路数据 $f_{ij}$，$i \in [1, 2, \cdots, N]$，$j \in [0, 1, \cdots, N-1]$；

**输出**：各监测对象的数据传输时延 $T_i$，$i = 1, 2, \cdots, N$ 和系统的传输时延 $T$；

**步骤 1**：选择数据传输量不为 0 的链路 $f_{ij} \neq 0$ 及其相应的发送-接收汇聚节点对的标号 $i$，$j$；并计算从每个汇聚节点发送链路的跳数 $M = \{k_1, \cdots, k_i, \cdots, k_N\}$；

**步骤 2**：为每个汇聚节点生成从该节点出发到基站接收所有的多跳路由组：

$R_i = \{r_{i1}, \cdots r_{im}, \cdots, r_{ik_i} \mid 1 \leqslant m \leqslant k_i\}$，$i = 1, 2, \cdots N$；

$r_{im}$ 代表第 $i$ 出发到基站的第 $m$ 条多跳路径；

$r_{im} = S_i \to \cdots S_{pm} \cdots \to S_{qm} \to BS$，$S_{pm}$ 是中继转发汇聚节点；

$S_{qm}$ 表示和基站直接进行通信的中继转发汇聚节点；

**步骤 3**：为第一个汇聚节点进行链路调度优化 $i = 1$

**repeat**

**if** $f_{1j} \neq 0$，$j = 2, 3, \cdots, N+1$ **then**

$h_{1j} = h_{1j-1} + 1$，$h_{11} = 0$

**end if**

　　　　**until** 第一个汇聚节点的所有链路调度优化顺利完成

**步骤 4**：记录每条链路数据传输到第 $j$ 个汇聚节点时的到达时间（耗费的通信时段个数）

$T_{aj} = \max h_{ij}$，for $i = 1, 2, \cdots, N$

**步骤 5**：为其余汇聚节点进行链路调度优化

**repeat**

**if** $f_{ij} \neq 0$，$i = 2, 3, \cdots, N$；$j = 3, \cdots, N+1$ **then**

　　　　　　**for** $i = 2, 3, \cdots, N$

**for** $j = 3, 4, \cdots, N+1$

$$h_{ij} = T_{aj} + 1$$

**end if**

　　　　**until** 完成所有汇聚节点的链路优化调度

**步骤 6**：计算无线监测系统骨干通信网的通信时延

$T = \max h_{ij}$，for $i = 1, 2, \cdots, N$；$j = 2, 3, \cdots, N+1$

**步骤 7**：为每个汇聚节点计算所有数据传输到基站的到达时间（耗费的通信时段个数）

$T_{ai} = \{h_{q1N+1}^1, \cdots, h_{qmN+1}^m, \cdots, h_{qk_iN+1}^{k_i},\}$，$i = 1, 2, \cdots, N$

**步骤 8**：计算每个传输业务的通信时延

$T_i = \max T_{ri}$，for $i = 1, 2, \cdots, N$

　　本章采用基于时分复用（Time Division Multiplexed Access，TDMA）的通信模式，在该通信模式下每个通信单元的通信周期被划分为多个小的通信时段，在每一个通信时段每个通信单元只能选择一个通信单元进行收/发通信。在多跳通信结构中，每个汇聚节点和其余节点都会有多条接收或者发送通信链路，而每条链路数据对通信的实时性要求也是不同的，因此需要采用调度地方式合理安排每条链路的传输顺序，以最大程度地提升关键传输业务的实时性。本章根据铁路监测系统骨干传输网的实际需求及 TDMA 的通信机制，进行合理的假设：

1）骨干网中数据传输按照基站方向进行单向传输。

2）每个汇聚节点在本轮通信中完成所有接入链路的数据传输后才进行输出链路数据的传输。

3）在每个通信时段内，每个汇聚节点只进行一个链路的数据通信（发送或接入）。

4）汇聚节点只负责数据的接入和转发，而不进行数据处理。

5）每个汇聚节点从子网接收的数据类型属于同一类监测对象的监测数据。

6）每个监测对象数据传输的时延定义为该数据从起始汇聚节点到基站传输过程中所消耗的所有通信时段。

7）无线监测系统骨干通信网的时延定义为所有汇聚节点通信时延的最大值。

**4. 自适应调节权重系数**

铁路无线感知网骨干传输网的生命周期和跳数会随着自适应调节权重系数的变化而变化，而数据传输的跳数又和传输时延呈正相关关系。本章基于数据传输网络的生命周期和实时性要求设计了一种自适应调节权重系数，根据不同监测对象的数据传输需求调整系数的值，从而保证监测网通信效能的最大化。在权重系数设计的过程中，充分体现了参数设计的自适应性，当监测对象对数据传输的实时性要求较低时（$D_T^s < 0.5$），说明监测对象对数据传输的持续性要求较高，自适应调节权重系数会随着生命周期需求的增加而迅速增加；而当监测对象对数据传输的实时性要求较高时（$D_T^s > 0.5$），系统必须优先满足数据的实时传输，此时自适应调节权重系数会随着生命周期需求的增加而缓慢增大；而当 $D_T^s = 0.5$ 时，自适应调节权重系数则取二者的平均值。基于以上准则，自适应调节权重系数定义为

$$
\alpha_s = \begin{cases}
\dfrac{\log\left(\eta \times \left(\dfrac{D_R^s}{D_T^s}\right)\right)}{\log\left(\eta \times \max\left(\dfrac{D_R^s}{D_T^s}\right)\right)}, & D_T^s < 0.5 \\[3em]
\dfrac{0.5 \times \log\left(\eta \times \left(\dfrac{D_R^s}{D_T^s}\right)\right)}{\log \max\left(\eta \times \dfrac{D_R^s}{D_T^s}\right)} + \dfrac{0.5 \times 1}{1 + e^{\frac{(D_R^s - D_T^s)D_T^s}{(\xi - (D_R^s - D_T^s))D_R^s}}}, & D_T^s = 0.5 \\[3em]
\dfrac{1}{1 + e^{\frac{(D_R^s - D_T^s)D_T^s}{(\xi - (D_R^s - D_T^s))D_T^s}}}, & D_T^s > 0.5
\end{cases}
\tag{5-10}
$$

式中，$\alpha_s$ 是第 $s$ 个监测对象数据传输的自适应调节权重系数，是一个随着系统生命周期需求的增加和实时性要求的减少而增加的单调函数，该自适应调节权重系数的变化趋势如图 5-4 所示。

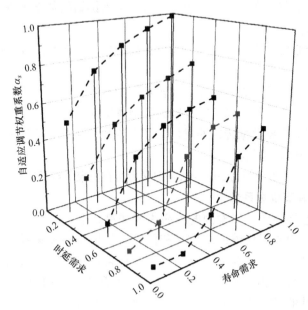

图 5-4　自适应调节权重系数变化曲线

对于铁路无线感知网骨干传输网而言，当监测对象不是渐变事件或者常规业务时，数据传输网的生命周期需求被赋予很高的优先级，式（5-10）中的生命周期需求放大系数 $\eta$ 定义为

$$\eta = \frac{\max D_R^s}{\min D_T^s}, \ 0 < D_R^s < 1, 0 < D_T^s < 0.5 \qquad (5\text{-}11)$$

而当监测对象是突发事件或者安全相关业务时，输出传输的实时性要求被赋予很高的优先级，式（5-10）中的实时性需求放大系数 $\xi$ 定义为

$$\xi = \max(D_T^s - D_R^s), 0 < D_R^s < 1, \ 0.5 < D_T^s < 1 \qquad (5\text{-}12)$$

### 5.2.3　铁路状态监测系统骨干网多跳通信路由协议评价模型化

为了验证本章提出的铁路无线感知网多跳通信路由协议的效能，本章针对铁路监测系统的实际需求，建立了相应的评价模型，包括汇聚节点数据传输链路跳数、通信时延、监测骨干通信网生命周期以及相对效用函数。

**1. 监测系统骨干网各监测对象及系统传输链路跳数**

本章根据不同汇聚到基站距离的差异及传输数据类型和数据量的不同，将每个汇聚节点的数据包分为若干个小数据包，通过不同的多跳路径转发到基站，最后在基站处进行重组，其中多跳链路的选择和每条链路传输数据包的分配都是根据不同业务通信需求来确定的。因此，本章通过监测系统各监测对象及系统总传输链路跳数来对系统的低能耗及低时延性能进行评价。

**2. 监测系统骨干网各监测对象及系统通信时延**

通信时延对于实时性要求极高的铁路突发故障和安全相关的信息传输是非常关键的评价指标。本章根据系统内各业务对通信实时性要求的优先级别，采用多跳链路传输顺序优化调度的方法，有效地提升了关键业务信息传输的实时性，并提升了监测通信骨干网的整体效能。

**3. 监测系统骨干网系统生命周期**

监测系统通信骨干网的系统生命周期是保证监测信息可靠、稳定、连续传输的前提。由于骨干网内每个汇聚节点都是至关重要的，因此本章将系统的生命周期定义为系统中第一个汇聚节点由于能量耗尽而失效之前系统通信的轮次数。假设所有汇聚节点的初始能量都相同，而且在系统初始化完成后在整个通信过程中保持多跳通信的结构的稳定性。系统在第 $t$ 轮通信后剩余生命周期定义为所有汇聚节点剩余的最小的通信轮次，即

$$L(t) = \min \left\lfloor \frac{E_{\text{Re}}^i(t)}{E_{\text{Co}}^i(t)} \right\rfloor, i = 1, 2, \cdots, N \tag{5-13}$$

式中，$\lfloor \cdot \rfloor$ 代表向下取整，系统总的生命周期从 $t = 0$ 时刻开始计算。

**4. 监测系统骨干网系统相对效用函数**

监测系统通信骨干网系统的效用是由系统的生命周期和时延来共同决定的，本章提出的多跳通信路由协议优化模型的有效性是通过和其余三种传统高效的路由协议对比而得出的，因此本章提出了相对效用函数对本章提出的优化模型的有效性进行评价。

$$U_k = \beta u_k^l + (1 - \beta) u_k^t, k = 1, 2, 3, 4 \tag{5-14}$$

式中，$k$ 代表参与对比的其余集中路由协议的下标；$\beta$ 是权重系数，用于调整生命周期和时延两个相对效用对系统综合效用的贡献程度；$u_k^l$ 代表生命周期相对效用函数，$u_k^t$ 代表时延相对效用函数，分别如下：

$$u_k^l = \frac{L_k}{\max(L_k)}, \ k = 1, 2, 3, 4 \tag{5-15}$$

$$u_k^t = \frac{\min(T_k)}{T_k}, \ k = 1, 2, 3, 4 \tag{5-16}$$

对于铁路无线感知系统骨干传输网而言，系统的生命周期是保证监测网络信息传输稳定和可靠性的基础，同时突发事件发生的几率很低。因此，本章在仿真验证时，将权重系数设置为 $\beta = 0.7$，代表系统对骨干网生命周期的需求略大于对实时性的要求。该值可以随着实际应用的具体需求做相应调整，保证该

评价模型的对复杂应用场景的适应性。

在该综合效用评价函数中，可以通过提升系统的生命周期降低系统的时延来提升系统的整体效能。

### 5.2.4 铁路状态监测系统骨干网多跳通信路由协议仿真验证

本节主要从5.2.3节提出的4个评价标准的角度对本章提出的骨干网多跳通信的自适应效用最大化路由协议（Adaptive Utility Maximization Protocol，AUMP）的有效性进行验证，并与其余三种传统的表现优秀的路由协议进行对比，分别为：基于系统总能耗最小化路由协议（Minimizing the Total Energy Consumption，MTEC），最大化汇聚节点最小剩余能量路由协议（Maximizing the Minimum Energy Consumption，MMEC）和最小化各汇聚节点剩余能量的方差（Minimizing the Variance of The Energy Consumption，MVEC）。

#### 1. 仿真环境及参数配置

本章汇聚节点通信的能耗是基于自由空间能量损耗模型计算的，仿真参数的配置见表5-4。

表 5-4　多跳通信综合效能最大化路由协议优化模型仿真参数配置

| 参数 | 描　　述 | 数　　值 |
|---|---|---|
| $E_{ele}/(nJ/bit)$ | 电路能耗参数 | 50 |
| $\xi_{fs}/(pJ/bit/m^2)$ | 自由空间能耗放大系数 $d^2$ | 10 |
| $\xi_{mp}/(pJ/bit/m^2)$ | 多径衰减能耗放大系数 $d^4$ | 0.0013 |
| $E_{initial}/J$ | 汇聚节点初始能量 | 0.5 |
| $d/m$ | 相邻汇聚节点间的距离 | [20, 40, 60, 100, 120, 140, 160, 180, 200] |
| $S/bit$ | 监测子网接收的数据量 | [100, 200, 300, 400, 500] |
| $N$ | 汇聚节点数量 | [5, 6, 7, 8, 9] |
| $D_T$ | 监测对象生命周期需求 | [0.1, 0.3, 0.5, 0.7, 0.9] |
| $D_R$ | 监测对象实时性需求 | [0.1, 0.3, 0.5, 0.7, 0.9] |
| $\alpha$ | 自适应调节权重系数 | 0.5 |
| $\eta$ | 生命周期放大系数 | 9 |
| $\xi$ | 实时性需求放大系数 | 0.8 |
| $\beta$ | 生命周期和实时性要求贡献权重系数 | 0.7 |

本章假设在铁路安全运行无线监测系统的骨干传输网中有 $N$ 个汇聚节点和 1 个基站以等距离线性的方式布置在铁路系统监测现场。相邻两个汇聚节点之间的距离为 $d$；每一轮通信初期，每个汇聚节点从监测子网接收到的数据量为每轮 $S$ bit；每个汇聚节点的初始能量都相同，均为 $E_{initial}=0.5J$。为了验证方便，本章选取的各个监测对象对信息骨干网的生命周期和实时性要求是相同的，比如轨道完整性监测（$D_T=D_R=0.5$）、轨道道岔和伸缩调节器（$D_T=D_R=0.7$）、轨道运行常规环境及气象（$D_T=D_R=0.9$）等。本章提出的自适应模型可以根据监测对象的不同需求，通过调整自适应调节权重系数 $\alpha$ 来更新优化模型，本章选取了其中一种情况进行验证。

**2. 仿真结果对比分析与讨论**

为了验证本章提出的多跳优化路由协议的有效性，在不同的场景下进行了验证。根据不同场景的具体情况、变化仿真环境参数，从系统传输链路跳数、通信时延、系统生命周期及其相对综合效用等几个方面进行对比和验证。

**场景 1**：在该场景下，本章验证了骨干网中汇聚节点间距离的变化对系统各性能的影响。其中，汇聚节点的数量选取为 $N=8$；汇聚节点从监测子网中采集的数据量为 $S=200bit$。

测传输系统的持续性（生命周期）的重要度要略高于系统的通信时延。图 5-5 展示了随着汇聚节点间距从 $d=20m$ 到 $d=200m$ 变化时各路由协议（MTEC，MMEC，MVEC 和 AUMP）系统综合效能表现。图 5-5a 说明基于 METC 路由协议的系统多跳链路数不会随着汇聚节点间距的增加而变化，而基于另外三种路由协议的系统多跳链路数随着汇聚节点间距的增加先增加后减少，当汇聚节点间距为 $d=120m$ 时 AUMP 的跳数达到最多 $h=17$。这个趋势说明，当汇聚节点间的距离很小时，汇聚节点直接与基站通信后各节点间的能耗不均衡性较小，只需要稍微增加多跳链路数就可以实现平衡；当汇聚节点间的距离过大时，汇聚节点间能耗的不均衡性过大，通过增加跳数的方式难以均衡各节点间的能耗去提升系统的生命周期，系统就通过减少跳数的方式来减少系统的时延，从而提升系统的整体效用。基于 AUMP 路由协议的多跳链路数较 METC 略多却远少于 MMEC 和 MVEC，而 MVEC 由于过度追求节点间能耗的绝对均衡，导致多跳链路数一直保持最多。图 5-5b 展示了类似的趋势，然而多跳链路的数量和系统的时延并不是严格正相关关系，由于采用多跳链路调度优化算法时，有些链路是可以同时执行的，增加可同时执行的链路数对系统时延并没有影响。图 5-5c 说明基于 AUMP 的系统生命周期接近于 MMEC 和 MVEC 却远大于 MTEC，因为 AUMP、MMEC 和 MVEC 都是基于节点的剩余不断进行重新优化，而 MTEC 只关注系统整体能耗的最小化而忽略了均衡。随着汇聚节点间距离的增加，各路由协议汇聚节点能耗的均衡化都被破坏，因此四种路由协议的生命周期都很接近。图 5-5d

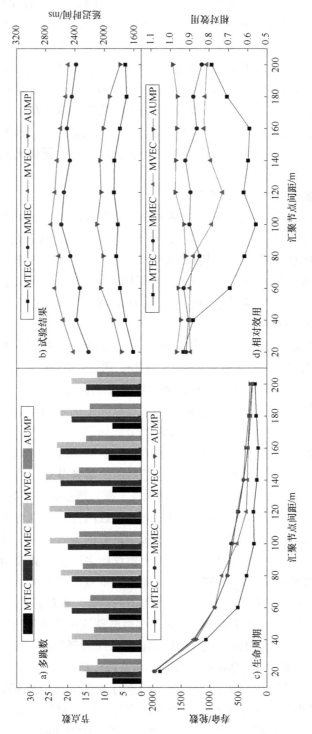

图 5-5　汇聚节点间距变化时各路由协议（MTEC，MMEC，MVEC 和 AUMP）系统综合效能

和表5-4展示了各协议的相对效用值，很明显基于AUMP路由协议的相对效用值要远大于其余三种路由协议。由于当汇聚节点的间距为$d=200$m时，各路由协议的生命周期大致相同，MMEC，MTEC和MVEC的相对效用接近但仍然小于AUMP。由于对于铁路安全运行无线监测系统的主要任务是尽可能多地采集到现场系统各部件的服役状态信息，因此监测传输系统的持续性（生命周期）的重要度要略高于系统的通信时延。

　　**场景2**：在该场景下，验证了骨干网中汇聚节点数量变化对系统各性能的影响。其中，相邻汇聚节点的间距选取为$d=100$m；汇聚节点从监测子网中采集的数据量为$S=200$bit。

　　图5-6展示了骨干网中汇聚节点数量$N$ 5~9变化时，MTEC、MMEC、MVEC及AUMP等四种路由协议的综合效能表现。从图5-6a可以看出，MTEC、MMEC、MVEC和AUMP路由协议的多跳链路数都随着汇聚节点数量的增加而增加，该趋势也说明各汇聚节点间能耗的不均衡随着汇聚节点数量的增加也增加了，需要通过更多的多跳链路去实现各汇聚节点能耗的均衡。图5-6b中的时延变化也表现出相似的趋势，得益于更少的多跳链路数和合理的链路调度优化，AUMP的时延和MTEC接近却远小于MMEC和MVEC。图5-6c中展示的系统生命周期信息中，四种路由协议中系统的生命周期都随着节点数量的增加而降低，其中MTEC的生命周期却远小于其余三种路由协议，而与MMEC和MVEC相比，AUMP始终保持着微弱的领先优势。从图5-6d中和表5-5中系统的综合相对效用对比中可以发现，AUMP的系统综合相对效用远大于其余三种路由协议。由于MMEC和MVEC的生命周期随着汇聚节点的增加而交替领先，因此双方的系统综合相对效用也表现出了类似的变化特征。

　　**场景3**：该场景主要验证了随着汇聚节点从监测子网收集数据量的变化对骨干网性能变化的影响。其中，相邻汇聚节点间的间距设定为$d=100$m，骨干网中汇聚节点数量为$N=8$。

　　图5-7展示了基于MTEC、MMEC、MVEC和AUMP四种路由协议随着汇聚节点从监测子网采集到的数据量从$S=100$bit到$S=500$bit增长时系统的通信性能。图5-7a和5-7b揭示了基于AUMP路由协议的系统多跳链路数和系统时延均小于MMEC和MVEC却略大于MTEC。同时，多跳链路数和系统时延都随着数据量的增加而缓慢增加，该趋势表明汇聚节点收集的数据量的多少对通信结构的影响不大，通过在原有链路的基础上按比例增加传输数据量就可以调节汇聚节点间能耗的不均衡性。然而，由图5-7c可以看出，系统的生命周期随着汇聚节点接收数据量的增加而迅速下降，因为汇聚节点的能耗是由节点数据传输量和传输距离决定的。由于MVEC过度追求节点能耗的均衡性，反而会造成总能

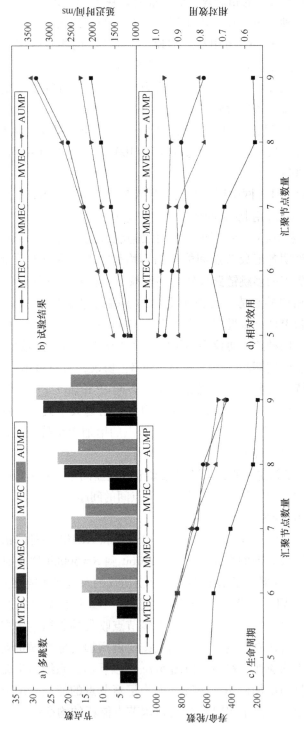

图 5-6  汇聚节点数量变化时各路由协议（MTEC，MMEC，MVEC 和 AUMP）系统综合效能

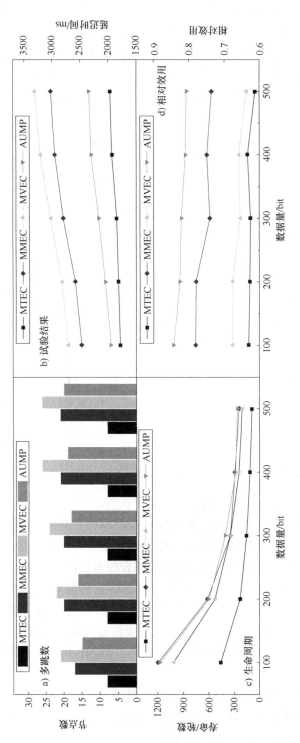

图 5-7　汇聚节点接收数据量变化时各路由协议（MTEC，MMEC，MVEC 和 AUMP）系统综合效能

耗的增加进而降低了系统总的生命周期，其比 MMEC 和 AUMP 少却仍比 MTEC 多。图 5-7d 和表 5-5 显示，基于 AUMP 路由协议的系统综合相对效用远大于其余三种路由协议。由于 MVEC 和 MTEC 时延长而生命周期短，二者的综合效用接近却低于系统生命周期更长的 MMEC 和 AUMP。由于 AUMP 路由协议系统的生命周期和时延随着汇聚节点数据量增加的变化趋势接近，因此 AUMP 的综合效用函数变化趋势很平滑。

表 5-5  不同场景下系统相对效用值

| | 节点间距 $d$/m | 40 | 80 | 120 | 160 | 200 |
|---|---|---|---|---|---|---|
| 场景 1 | MTEC | 0.881 | 0.616 | 0.620 | 0.590 | 0.786 |
| | MMEC | 0.906 | 0.848 | 0.895 | 0.863 | 0.838 |
| | MVEC | 0.901 | 0.881 | 0.729 | 0.827 | 0.812 |
| | AUMP | 0.945 | 0.920 | 0.975 | 0.967 | 0.988 |
| | 节点数量 $N$ | 5 | 6 | 7 | 8 | 9 |
| 场景 2 | MTEC | 0.693 | 0.756 | 0.696 | 0.556 | 0.565 |
| | MMEC | 0.965 | 0.932 | 0.867 | 0.891 | 0.788 |
| | MVEC | 0.902 | 0.903 | 0.912 | 0.787 | 0.810 |
| | AUMP | 0.995 | 0.983 | 0.948 | 0.939 | 0.968 |
| | 节点数量 $S$/bit | 100 | 200 | 300 | 400 | 500 |
| 场景 3 | MTEC | 0.630 | 0.627 | 0.624 | 0.633 | 0.611 |
| | MMEC | 0.781 | 0.779 | 0.740 | 0.749 | 0.735 |
| | MVEC | 0.677 | 0.677 | 0.655 | 0.658 | 0.636 |
| | AUMP | 0.843 | 0.826 | 0.821 | 0.810 | 0.807 |

最后，仿真验证的结果和讨论总结如下：

基于 AUMP 路由协议的系统综合相对效用都优于其余三种路由协议，同时在三种场景下都可以保持很高的稳定性，特别是在场景 1 下，随着汇聚节点间距的变化，基于另外三种路由协议的系统综合相对效用变化很大：

1）基于 AUMP 路由协议的系统多跳链路数和时延与 MTEC 类似而小于 MMEC 和 MVEC。同时，基于 AUMP 路由协议的系统生命周期接近 MMEC 和 MVEC 却远大于 MTEC。对于铁路安全运行无线监测系统的骨干传输网而言，网络的生命周期和信息传输的实时性都很重要，AUMP 可以同时兼顾系统两方面的通信需求。

2）骨干网传输系统的时延可以通过多跳链路的调度优化得到降低，从管理调度的角度非常有意义。基于该调度优化算法可以通过降低系统时延和提升系统生命周期，从而提升系统的综合效能。

3）对于铁路无线监测系统骨干网这个复杂的传输网而言，单目标优化算法和单指标评价策略均难以满足实际应用的需求。因此，本章提出了多目标优化函数进行多跳链路跳数及其传输数据量的优化，并采用了系统总能相对性能指标进行评价，验证了本章提出的 AUMP 路由协议的高效性。

4）铁路无线监测系统中监测对象的分类及其生命周期和实时性需求的定义，可以指导自适应调节权重系数的设计，从而保证了本章建立的自适应系统综合效能最大化路由协议的多场景适用性。

## 5.3　基于算传一体化的铁路基础设施及运行环境监测骨干网能量优化

铁路系统的运行可靠性是一个复杂的问题，涉及许多因素，包括基础设施条件、信号系统、列车安全、运行环境等[1-2]。除了环境，大部分都是可测可控的。此外，恶劣天气和灾害的随机性、多样性严重威胁着运行的安全性和效率，因此铁路灾害监测和预警的研究已经成为工业界和学术界的热点[3]。传统的有线通信系统广泛应用于铁路基础设施或灾害监测信息传输[4]，而无线传感器网络在更容易部署和更好的灵活性方面的优势使其成为铁路灾害监测系统建设中更好的选择[5]。

铁路灾害无线监测网络由感知层、汇聚层和处理层三层组成：在感知层，传感器集中安装在监控对象上，以获取服务条件信息；由汇聚层的传感器收集信息，每个传感器负责某个区域的信息收集；处理层负责数据处理和应急决策。根据通信需求和网络结构，信息以不同的协议（单跳、基于集群的和多跳）在不同的层中传输。

然而，传感器在能量、计算和通信资源方面的限制已经成为无线传感器网络应用的瓶颈[6]。特别是铁路信息感知和传输的连续性和可靠性都是由系统寿命决定的，传感器的能量有限，难以充电。因此，提高能源效率意义重大。大量研究为传感器部署[7]、带宽分配[8]和协议优化[9]提供了有效的解决方案，大大提高了系统在铁路灾害无线监测领域的可用性和可靠性。特别是使用计算和通信策略延长了系统寿命[10-31]，并且增强了信息收集的连续性。

本章试图最大化铁路防灾无线监测系统中汇聚层网络的生命周期，其中传感器以近似线性的方式沿铁路布署。因此，本章将通信结构抽象为一个线性网络，采用了在线性网络中被证明有效的多跳协议。然而，数据量越大，传输距离越远，系统的有效寿命和可靠性就越低。现有的大多数研究主要集中在通信协议的优化上，有些工作试图利用网络级或节点级有限的计算能力，这不足以满足苛刻的灾害信息监测需求。本章提出了一种自适应混合计算和通信策略，以充分利用传感器的处理能力，提高链路级的能量效率。此外，设计了自适应优化模型以满足系统不同的监控需求，有效寿命也相应提高。通过不同运行场景下的数值算例，验证了该协议与其他协议相比在生命周期改善、能耗最小化和均衡方面的优越性和实用性。

### 5.3.1 铁路状态监测骨干网算传一体化工作模式和能耗协议

铁路防灾无线监测网络是一个线性系统，传感器检测的数据全部由基站采集。传感器和基站之间的距离不同，会影响传感器的能耗。传输能耗由数据包大小和距离决定，数据包大小可以根据计算策略减小。因此，本章提出了混合通信和计算策略来优化能量利用，从而提高系统生命周期。

如图 5-8 所示，由传感器获取的数据包被分成几个数据包，并通过不同的链路传输。参数说明如下：$S_i$ 表示由第 $i$ 个传感器节点检查的数据包大小。$l_{i,j}$ 代表将从第 $i$ 个传感器节点传输到第 $j$ 个传感器节点的子分组。$\gamma_{i,j}$ 代表 $l_{i,j}$ 子包的第 $i$ 个传感器节点的压缩比。$f_{i,j}$ 表示由第 $j$ 个传感器节点接收的子分组，该子分组在压缩后来自第 $i$ 个传感器节点。

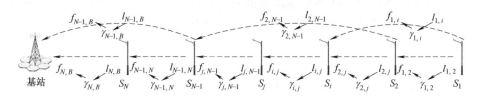

图 5-8 铁路灾害无线监测系统通信结构

**1. 通信优化策略**

旨在根据优化的通信路由均衡和最小化能耗，并且它们随着传感器的数量和传感器之间的距离而变化。数据包被分成几个小数据包，并通过不同的链路传输。因此，通信优化被定义为每个链路中的数据包大小。

$$\boldsymbol{L} = \begin{bmatrix} l_{1,2} & \cdots & l_{1,j} & \cdots & l_{1,B} \\ 0 & & \vdots & & \vdots \\ 0 & 0 & l_{i,j} & \cdots & l_{i,B} \\ 0 & 0 & 0 & & \vdots \\ 0 & 0 & 0 & 0 & l_{N,B} \end{bmatrix} \tag{5-17}$$

**2. 计算优化策略**

旨在通过调整每个通信链路的压缩比来均衡和最小化能耗。因此，计算优化对象被定义为每个链接中的压缩率。

$$\boldsymbol{R} = \begin{bmatrix} \gamma_{1,2} & \cdots & \gamma_{i,j} & \cdots & \gamma_{1,B} \\ 0 & & \vdots & & \vdots \\ 0 & 0 & \gamma_{i,j} & \cdots & \gamma_{i,B} \\ 0 & 0 & 0 & & \vdots \\ 0 & 0 & 0 & 0 & \gamma_{N,B} \end{bmatrix} \tag{5-18}$$

### 3. 混合优化策略

铁路灾害无线监测系统中的信息传输是一个完整的过程。传感器和链路的特性各不相同，包括能量存储、数据包大小、传输距离、计算能力。因此，应同步考虑通信链路和每个链路的计算比率，以获得最优解。因此，混合优化对象定义为

$$\boldsymbol{F} = \begin{bmatrix} f_{1,2} & \cdots & f_{1,j} & \cdots & f_{1,B} \\ 0 & & \vdots & & \vdots \\ 0 & 0 & f_{i,j} & \cdots & f_{i,B} \\ 0 & 0 & 0 & & \vdots \\ 0 & 0 & 0 & 0 & f_{N,B} \end{bmatrix} \tag{5-19}$$

式中，$f_{i,j} = l_{i,j} \gamma_{i,j}$。

## 5.3.2　铁路状态监测骨干网算传一体化能量管理优化模型

在这节，提出了结合通信和计算策略的自适应优化模型，其目标是最大化系统寿命，通过总能耗最小化和剩余能量均衡，使系统寿命最大化。如图 5-2 所示，自适应优化模型的总体结构由三个模块组成，包括模型设计、优化和最优解输出。在模型设计模块中，利用系统和传感器的初始参数建立能耗模型，然后提出通信和计算策略构建自适应优化模型。在优化模块中，采用多维线性规划算法获得最优多跳链路和计算比率。在输出模块中，最优解均应用于铁路防灾无线监测系统，以延长系统寿命。

### 1. 采用混合优化策略的能耗模型

提出了混合通信和计算优化策略，以提高系统的能效。在混合优化策略的支持下，设计了系统能耗模型。

（1）接收能耗模型

传感器在数据接收中的能耗主要取决于接受的数据包大小。铁路防灾无线监测系统中的传感器从不同的链路接收信息，接收能耗模型定义为

$$E_{\mathrm{R}}(i) = \sum_{j=1}^{i-1} f_{j,i} E_{\mathrm{ele}}$$
$$\mathrm{s.\,t.}\ 1 \leqslant j < i$$
$$1 \leqslant i \leqslant N \tag{5-20}$$

式中，$f_{j,i}$表示传感器接收的数据包的大小；$E_{ele}$是接收电路接收 1 位数据所消耗的能量；$N$ 是传感器的总数；信息被转发到 BS，约束表示第 $i$ 个传感器只接收从它之前的传感器发送的信息。

（2）处理能耗模型

传感器的处理能耗由数据大小、处理算法和压缩比决定。每个传感器的数据包将被分成几个小数据包，并采用不同的计算策略进行处理。因此，处理能耗模型被定义为

$$E_D(i) = \sum_{j=i+1}^{N+1} l_{i,j} E_{DA}(\gamma_{i,j})$$
$$\mathrm{s.t.}\, i < j \leqslant N + 1$$
$$1 \leqslant i \leqslant N$$
$$0 \leqslant \gamma_{i,j} \leqslant 1 \tag{5-21}$$

式中，$E_{DA}(\gamma_{i,j})$ 表示电路使用压缩比 $\gamma_{i,j}$ 处理 1 位数据所消耗的电能以及 $l_{i,j}$ 是数据包将被压缩并从第 $i$ 个传感器传输到第 $j$ 个传感器；$\gamma_{i,j}$ 为压缩比，即为压缩前后数据包大小之比。

（3）传输能耗模型

信息传输中的能耗是由数据包和传输距离决定的，采用混合通信和计算策略时，它们都是不同的。因此，传感器的传输能耗模型被定义为

$$E_T(i) = \begin{cases} \sum_{j=i+1}^{N+1} f_{i,j}(E_{ele} + \xi_{fs} d_{i,j}^2), & d < d_0 \\ \sum_{j=i+1}^{N+1} f_{i,j}(E_{ele} + \xi_{mp} d_{i,j}^4), & d \geqslant d_0 \end{cases}$$
$$\mathrm{s.t.}\, i < j \leqslant N + 1$$
$$1 \leqslant i \leqslant N \tag{5-22}$$

式中，$\xi_{fs}$、$\xi_{mp}$ 为自由空间和多径衰落模型下传输放大器的电能消耗；$d$ 为传输距离；$d_0$ 是模型切换的临界距离；$f_{i,j}$ 是将从第 $i$ 个传感器传输到第 $j$ 个传感器的数据包。

**2. 所有传感器的总能耗最小化**

铁路防灾无线监测系统的寿命取决于有限能源的有效利用，使所有传感器的总能耗最小化有利于提高系统寿命。在第 $t$ 轮通信中，所有传感器的能量消耗可根据式（5-23）~式（5-25）计算如下：

$$E_S(t) = \sum_{i=1}^{N} E_R(i,t) + E_D(i,t) + E_T(i,t) \tag{5-23}$$

能耗最小化模型设计为

$$F_1(t) = \min E_S(t)$$

$$\text{s. t.} f_{i,j}(t) \geq 0;\; l_{i,j}(t) \geq 0 \quad i \in (1,N);\; j \in (i+1,N+1)$$

$$f_{j,i}(t) \geq 0;\; l_{i,j}(t) \geq 0 \quad i \in (1,N);\; j \in (1,i-1)$$

$$0 \leq \gamma_{i,j}(t) \leq 1 \quad i \in (1,N);\; j \in (i+1,N+1)$$

$$f_{i,j}(t) = l_{i,j}(t)\gamma_{i,j}(t) \quad i \in (1,N);\; j \in (i+1,N+1)$$

$$\sum_{j=i+1}^{N+1} l_{i,j}(t) - \sum_{j=1}^{i-1} f_{j,i}(t) = S_i(t)$$

$$E_R(i,t) + E_D(i,t) + E_T(i,t) \leq E_{Re}(i,t-1) \tag{5-24}$$

约束条件式（5-21）表明，第 $i$ 个传感器在处理前发送的数据包大小应等于其接收和检测的信息之和。由约束式（5-22）可知，传感器在第 $t$ 轮通信中的能量消耗应小于传感器在第 $t-1$ 轮通信结束时的剩余能量。$E_{Re}(i,t-1)$ 是第 $i$ 个传感器在第 $t-1$ 轮通信结束时的剩余能量。

**3. 均衡所有传感器的能耗**

当传感器负责不同的任务时，系统的功能寿命应考虑每个传感器的能量消耗寿命。过度追求总能耗最小化会损害某些传感器的利益，缩短系统寿命，因此，保持所有传感器之间剩余能量的均衡是至关重要的。剩余能量均衡模型设计为

$$F_2(t) = \text{minimize}(\max(\max(E_{re}(i,t)) - E_{re}(i,t)))$$

$$\text{s. t.} f_{i,j}(t) \geq 0;\; l_{i,j}(t) \geq 0 \quad i \in (1,N);\; j \in (i+1,N+1)$$

$$f_{j,i}(t) \geq 0;\; l_{i,j}(t) \geq 0 \quad i \in (1,N);\; j \in (1,i-1)$$

$$0 \leq \gamma_{i,j}(t) \leq 1 \quad i \in (1,N);\; j \in (i+1,N+1)$$

$$f_{i,j}(t) = l_{i,j}(t)\gamma_{i,j}(t) \quad i \in (1,N);\; j \in (i+1,N+1)$$

$$\sum_{j=i+1}^{N+1} l_{i,j}(t) - \sum_{j=1}^{i-1} f_{j,i}(t) = S_i(t)$$

$$E_R(i,t) + E_D(i,t) + E_T(i,t) \leq E_{Re}(i,t-1) \tag{5-25}$$

所有传感器之间的剩余能量的差异可以适于表示剩余能量的均衡，因此，在该优化模型中最大差异被最小化。

**4. 自适应优化模型**

如上所述，系统寿命由数据计算和通信中的能量效率决定。然而，最小化系统总能耗会导致一些传感器的过度消耗，均衡传感器之间的能耗会增加系统能耗。上面提到的任何单个优化模型都不是系统寿命最大化的最优解，因此，提出了能发挥上述优化模型优点的自适应优化模型。

$$F(t) = \alpha F_1(t) + (1-\alpha)F_2(t)$$

$$\text{s. t.} f_{i,j}(t) \geq 0;\; l_{i,j}(t) \geq 0 \quad i \in (1,N);\; j \in (i+1,N+1)$$

$$f_{j,i}(t) \geq 0;\; l_{j,i}(t) \geq 0 \quad i \in (1,N);\; j \in (1,i-1)$$

$$0 \leqslant \gamma_{i,j}(t) \leqslant 1 \quad i \in (1,N) ; j \in (i+1,N+1)$$

$$f_{i,j}(t) = l_{i,j}(t) \gamma_{i,j}(t) \quad i \in (1,N) ; j \in (i+1,N+1)$$

$$\sum_{j=i+1}^{N+1} l_{i,j}(t) - \sum_{j=1}^{i-1} f_{j,i}(t) = S_i(t)$$

$$E_R(i,t) + E_D(i,t) + E_T(i,t) \leqslant E_{Re}(i,t-1) \tag{5-26}$$

式中，$\alpha$ 是控制两个优化模型的自适应的自适应系数，以便最大化系统寿命。

本章中的自适应系数 $\alpha$ 设计如下：

$$\alpha = \begin{cases} 0, & L_{TECM}(i,t) \leqslant L_{REE}(i,t) \\ 1, & L_{TECM}(i,t) > L_{REE}(i,t) \end{cases} \tag{5-27}$$

自适应系数 $\alpha$ 意味着当基于 TECM 的寿命较长时，将采用 TECM 模型，否则将采用 REE 模型。因此，如上所述设计自适应系数模型。

系统的剩余寿命由监控系统决定。系统寿命被定义为其能量首先耗尽的传感器的寿命，并且被定义为其剩余能量和能量消耗的向下舍入商

$$L_{REE}(i,t) = \left\lfloor \frac{E_{re}(i,t-1)}{\max E_s(i,t)} \right\rfloor, i = 1, \cdots, N \tag{5-28}$$

具有类似监控任务的系统的寿命定义为当一半传感器由于能量耗尽而死亡时的传感器寿命，定义为其剩余能量和能量消耗的四舍五入商

$$L_{TECM}(i,t) = \left\lfloor \frac{E_{re}(i,t-1)}{E_s(i,t)} \right\rfloor, i = \lfloor N/2+1 \rfloor \tag{5-29}$$

这表示后半部分传感器的能量开始耗尽。

传感器刚刚处理并将它们传输到最近的传感器时的能耗，定义为

$$E_{smin}(i) = E_t(i, d = 1 \times d_{min}) + E_D(i, \gamma_{opt}) \tag{5-30}$$

式中，$d_{min}$ 是相邻传感器之间的最小距离；$\gamma_{opt}$ 是最佳数据压缩率。

综合优化模型有选择地采用能耗最小化和均衡化模型，从整体上延长了有效系统寿命，有利于保证铁路灾害监测的连续性和稳定性。

**5. 优化算法描述**

本章提出的多目标优化模型是一个线性规划问题，优化算法见表5-6。初始化算法参数，然后相应地计算每个传感器的最小能耗。在第一轮通信时，执行总能耗最小化策略，并执行线性规划算法以获得最优多跳链路、每条链路中的数据包以及每条链路中的最优压缩比。随着系统进入第二轮，根据系统的需求建立多目标优化模型。最优解将在每轮结束时应用于铁路灾害监测系统的信息通信和计算，然后恢复到新的优化轮。当每个传感器的剩余能量大于最小能量需求时，优化和通信过程将继续，否则物理通信结构将被重建。

**表5-6　基于线性规划算法的多目标优化**

| |
| --- |
| **算法**：基于线性规划算法的多目标优化算法 |

**输入**：部署在监测区域的每一个传感器参数

**输出**：最优的多跳链路，每个链路中的数据包，以及每个链路的压缩率

**步骤1**：初始化算法的参数；

初始化传感器的参数和线性监测网络的结构：包括传感器的数量、两个传感器之间的距离、传感器的初始能量和通信轮次等；初始化通信能耗模型的参数，包括电子系数初始化计算能耗模型的参数，包括压缩率和能耗等。

**步骤2**：计算每个传感器的最小能耗；

$$E_{\min}(i) = E_{\mathrm{T}}(i, d=1\times d) + E_{\mathrm{D}}(i, r, d=1\times d)$$

**步骤3**：第一轮通信；

执行总能耗最小化策略。

**步骤4**：输出最优解；

得到最优的多跳链路，每个链路的数据包大小，以及每个链路的压缩比，并应用于铁路灾害监测系统的信息计算和通信。

**步骤5**：计算出每个传感器的剩余能量；

$$E_{\mathrm{re}}(i, t) = E_{\mathrm{re}}(i, t-1) - E_{\mathrm{s}}(i, t)$$

**步骤6**：条件判断；

如果 $\min\limits_{i \in (1, N)} E_{\mathrm{re}}(i, t) < E_{\min}(i)$：

输出系统寿命 $t$

否则：

$$t = t+1$$

**步骤7**：传感器的剩余寿命计算；

$$L_{\mathrm{REE}}(i, t) = \left\lfloor \frac{E_{\mathrm{re}}(i, t-1)}{\max E_{\mathrm{s}}(i, t)} \right\rfloor, \ i = 1, \cdots, N$$

$$L_{\mathrm{TECM}}(i, t) = \left\lfloor \frac{E_{\mathrm{re}}(i, t-1)}{E_{\mathrm{s}}(i, t)} \right\rfloor, \ i = \lfloor N/2+1 \rfloor$$

**步骤8**：自适应优化模型选择判断；

如果 $L_{\mathrm{TECM}}(i, t) \leqslant L_{\mathrm{REE}}(i, t)$：

$\alpha=0$，则采用残余能量均衡模型；

否则：

$\alpha=1$，则采用能耗最小化模型；

**步骤9**：跳回步骤4。

　　当相应的传感器由于能量耗尽而死亡时，计算系统的寿命，并且使用能量消耗最小化模型和剩余能量均衡模型的寿命可以在一轮计算和通信之后被计算，因为最优策略对于固定的物理监控结构和数据检查频率是稳定的。REE模型的系统寿命计算为初始能量和最大能量消耗的四舍五入商：

$$L_{REE} = \left\lfloor \frac{E_{in}}{\max\limits_{i \in (1,N)} (E_s(i))} \right\rfloor \tag{5-31}$$

使用 TECM 模型的系统寿命计算为传感器在后半部分的初始能量和最大能量消耗的四舍五入商：

$$L_{TECM} = \left\lfloor \frac{E_{in}}{\max\limits_{i \in (\lfloor N/2 \rfloor + 1,N)} (E_s(i))} \right\rfloor \tag{5-32}$$

然而，综合模型的使用寿命是一个累积的过程，优化策略会根据系统的监控需求而变化。当任何传感器的剩余能量小于其最小能量需求时，在步骤 6 中输出系统的寿命。

### 5.3.3　铁路状态监测骨干网算传一体化能量管理仿真分析与验证

本节验证了所提出协议的性能。与纯通信（无压缩）和恒定计算（节点级）策略相比，验证了所提出的自适应混合计算和通信策略的有效性。证明了节点级计算策略优于网络级策略。因此，在仿真中选择节点级计算策略与链路级策略进行比较。其次，通过与 TECM 和 REE 模型的比较，证明了所提出的自适应优化策略在系统有效寿命改善方面的优越性。

**1. 模拟参数配置**

选择 Python3.7 作为模拟环境。在仿真中，通过两个场景验证了该协议的适应性和优越性。在仿真中做了一些假设，以保证使用不同策略的可操作性和公平性：①传感器沿轨道呈直线布置；②信息前向传输到基站，无信息后向传输；③相邻两个传感器之间的距离相等；④信息可以被分成几个子包；⑤可以用给定的压缩比压缩信息；⑥信息直到在基站或数据中心才会被解压缩。

据我们所知，无线网络尚未在铁路防灾监测中形成大规模应用。通过小范围的实验和测试，验证了无线传感器网络在铁路灾害监测系统中可行性的有效性。本章中使用的数据来源于朔黄铁路，传感器之间的距离也是指实际的地理环境。在模拟中，传感器沿着轨道以近似线性的方式和均匀的距离布署：①负责小区域 4 种灾害（雨、风、雪、温湿度）信息采集的传感器；②通信网络规模和传感器之间的距离由实际的地理环境和基站的分布决定。在空旷区域中，传感器之间的距离较大，致使通信网络规模随之增大，因此，需要减小网络规模以确保通信性能。

**2. 结果与讨论**

（1）结果

本章从两个角度验证了所提协议的有效性：①不同监测任务下的生命周期性能；②具有类似监控任务的终生性能。通信路由器和计算比率都随着传感器的数量和传感器之间的距离而变化。因此在仿真中采用这两个变量来验证所提出协议的有效性和灵活性。

1）场景 1：不同的监控任务

在这个监控场景中，传感器执行不同的监控任务，任何传感器消耗的能量都会导致检查失败。因此，这种情况下的系统寿命被定义为具有最大能耗的传感器的通信轮次。

① 不同距离系统的寿命

在本模拟中，传感器的数量为 $N=4$，两个相邻传感器之间的距离递增，模拟采用了自由空间能量耗散模型。图 5-9 和图 5-10 显示了使用 TECM 和稀土元素的不同计算和通信策略的系统寿命解决方案。

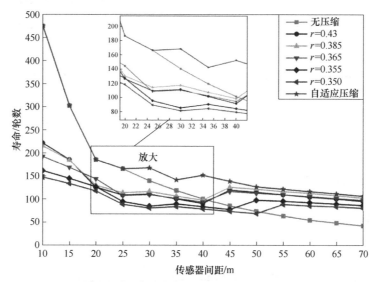

图 5-9 两个相邻传感器之间不同距离时使用 TECM 模型的系统寿命

② 不同传感器数量的 AHCMM 的寿命

在此模拟中，两个相邻传感器之间的距离固定，传感器数量为增加。模拟结果如图 5-11 和图 5-12 所示。

2）场景 2：相似的监测任务

在这个监测场景中，传感器执行相似的监测任务，半数传感器的死亡会招致检查的失败。因此，有效寿命是当前一半数量的传感器传感器由于能量耗尽而死亡时的通信轮次。

① 采用不同距离自适应优化模型的系统有效寿命

在该仿真中，传感器的数量固定，两个相邻传感器之间的距离递增，模拟采用了自由空间能量耗散模型。图 5-13 和图 5-14 显示了使用总能耗最小化

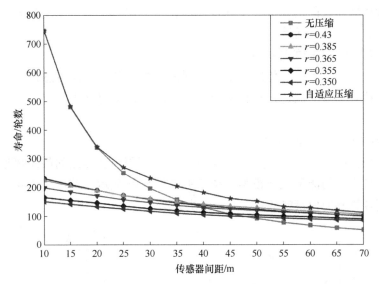

图 5-10　两个相邻传感器之间不同距离的 REE 模型的系统寿命

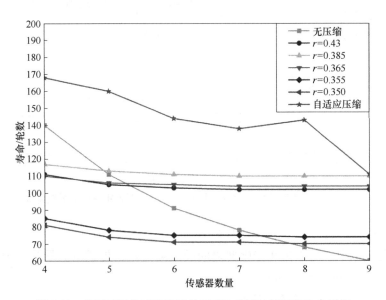

图 5-11　使用不同传感器编号的 TECM 模型计算系统生命周期

（Total Energy Consumption Minimization，TECM）和剩余能量均衡（Residual Energy Equalization，REE）的不同计算和通信策略的系统寿命解决方案。

　　② 使用具有不同传感器数量的自适应优化模型的系统的有效寿命

　　本节显示了使用具有不同传感器数量的多种计算和通信策略的寿命性能。在此模拟中，两个相邻传感器之间的距离固定，传感器数量为递增。模拟结果

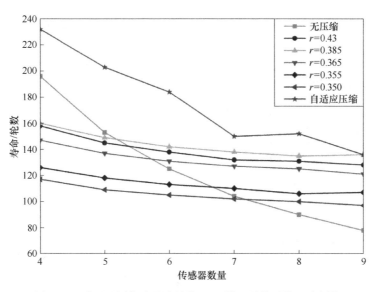

图 5-12 采用不同传感器编号的 REE 模型计算系统生命周期

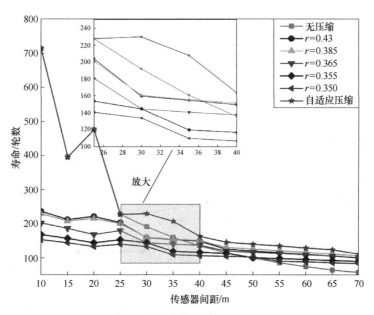

图 5-13 使用 TECM 协议的系统的有效生命周期

如图 5-15 和图 5-16 所示。

（2）讨论

图 5-9～图 5-16 说明了在不同监测场景下，不同传感器数量和通信距离下的

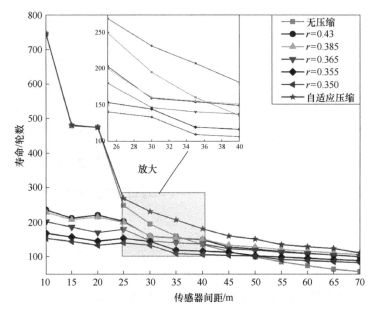

图 5-14　使用自适应协议的系统有效生命周期（选择性执行 TECM 和 REE）

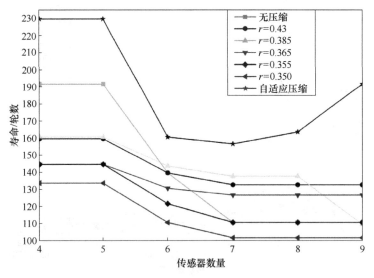

图 5-15　使用 TECM 协议的系统的有效生命周期

最佳寿命性能。下面讨论了结果和结论：

1）图 5-9、图 5-10、图 5-13 和图 5-14 表示下列寿命和有效寿命性能：①系统寿命随着两个相邻传感器之间距离的增加而减少；②在不同的节点级压缩策

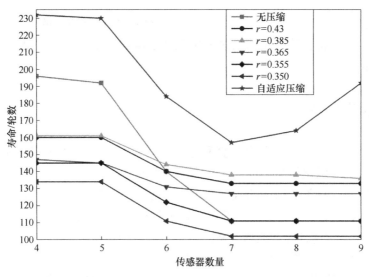

图 5-16　使用自适应协议的系统有效生命周期（选择性执行 TECM 和 REE）

略中，系统生命周期随着距离的变化而交替占主导地位，这也反映了数据压缩和传输过程中能量消耗的竞争；③讨论了所提出的自适应混合计算的生命周期性能无论距离如何变化，该策略始终领先于其他策略。

2）图 5-11 和图 5-12 显示出了场景 1 中的系统寿命随着传感器数量的增加而下降。此外，使用所提出的自适应混合计算和通信策略的系统寿命总是比其他策略长。

3）从图 5-9 和图 5-10 可以看出，与 TECM 模型相比，使用 REE 模型可以显著提高系统寿命。特别是采用本章提出的自适应混合计算和通信策略，这是因为 REE 模型比 TECM 模型更公平地分配了传感器的能量消耗，提高了能量最先耗尽的传感器的通信轮数。

4）从图 5-12、图 5-15、图 5-16 和图 5-10、图 5-13、图 5-14 可以看出，基于自适应协议的有效系统寿命比单 TECM 或 REE 长得多。使用图 5-13 和图 5-14 中的自适应压缩策略的系统有效寿命下降，然后增加。这是因为链路的数量会随着传感器的数量而增加，当前半部分承担更多的负载以降低总能耗时，后半部分传感器的能耗会降低。

仿真和案例研究结果表明了该策略的有效性，与以往协议相比的优势如下：

1）传感器收集的数据包被分成几个小数据包，然后通过不同的链路转发给其他传感器。因各环节的沟通需求和特点各不相同，故本章提出了一种链路级优化策略，为每个链路定制信息计算比率。仿真和案例研究结果表明，细化优化策略（链路级）优于无压缩和节点级压缩策略，其计算比率对于每个传感器是一致的。

2）能耗策略会影响系统寿命。TECM 策略将缩短能耗较大的传感器的寿命，而稀土元素策略将在追求均衡的过程中浪费总能耗。因此，本章提出的自适应能耗策略提高了能效和寿命性能。

# 5.4 本章小结

首先提出了一种新的混合计算和通信策略，并将其应用于提高系统能效。其次建立自适应优化模型，进一步提高了系统在生命周期内的性能。通过优化多跳通信链路、每条链路中的数据包大小、链路的压缩率以及综合优化模型的自适应应用，所提出的方法有别于大多数现有方法，其贡献如下：

1）提出了混合计算和通信策略，优化了链路级传感器的能耗，系统在生命周期和适应性方面的性能显示了其优越性。

2）设计自适应优化模型，通过交替应用总能耗模型和剩余能量均衡模型，实现系统能量利用的最大潜力。与 REE 模型和 TECM 模型相比，有效寿命有所提高。

3）提出的优化协议具有很强的可用性和适应性，随着应用场景的变化，系统在生命周期和能耗方面的性能总是优于其他突出的通信协议。

无线传感器网络和互联网技术的广泛应用将提高工业设施和基础设施的运行安全性和可靠性。需要注意的是，本章节所介绍的优化协议源于铁路监控系统，模型都是通用模型，而不是针对某些特定设备。因此，当在实际的铁路监控场景中使用所提议的协议时，如应用于其他线性无线监控领域如管道、高速公路、长-大-深隧道等，应该基于所选择的设备对其进行修改。

# 参 考 文 献

［1］ LI K P, WANG S S. A network accident causation model for monitoring railway safety ［J］. Safety Science, 2018, 109: 398-402.

［2］ LIU J T, FELIX S, ZHENG W, et al. Understanding railway operational accidents using network theory ［J］. Reliability Engineering & System Safety, 2019, 189: 218-231.

［3］ LIU K, WANG M, CAO Y X, et al. Susceptibility of existing and planned Chinese railway system subjected to rainfall-induced multi-hazards ［J］. Transportation Research Part A: Policy and Practice, 2018, 117: 214-226.

［4］ YÜKSEL K, KINET D, MOEYAERT V, et al. Railway monitoring system using optical fiber grating accelerometers ［J］. Smart Materials and Structures, 2018, 27 (10): 105033.

［5］ HODGE V J, O'KEEFE S, WEEKS M, et al. Wireless sensor networks for condition monitoring in the railway industry: a survey [J]. IEEE Transactions on Intelligent Transportation Systems, 2014, 16 (3): 1088-1106.

[6]　MA X P, DONG H H, TANG J Q, et al. Two-layer hierarchy optimization model for communication protocol in railway wireless monitoring networks [J]. Wireless Communications and Mobile Computing, 2018: 1-14.

[7]　GAO M Y, WANG P, WANG Y, et al. Self-powered ZigBee wireless sensor nodes for railway condition monitoring [J]. IEEE Transactions on Intelligent Transportation Systems, 2018, 19 (3): 900-909.

[8]　SANI A, VOSOUGHI A. Distributed vector estimation for power-and bandwidth-constrained wireless sensor networks [J]. IEEE Transactions on Signal Processing, 2016, 64 (15): 3879-3894.

[9]　MA X P, DONG H H, LIU X, et al. An optimal communications protocol for maximizing lifetime of railway infrastructure wireless monitoring network [J]. IEEE Transactions on Industrial Informatics, 2017, 14 (8): 3347-3357.

[10]　SHRESTHA B, HOSSAIN E, CHOI K W. Distributed and centralized hybrid CSMA/CA-TDMA schemes for single-hop wireless networks [J]. IEEE Transactions on Wireless Communications, 2014, 13 (7): 4050-4065.

[11]　LEE J S, KAO T Y. An improved three-layer low-energy adaptive clustering hierarchy for wireless sensor networks [J]. IEEE Internet of Things Journal, 2016, 3 (6): 951-958.

[12]　GHERBI C, ALIOUAT Z, BENMOHAMMED M. An adaptive clustering approach to dynamic load balancing and energy efficiency in wireless sensor networks [J]. Energy, 2016, 114: 647-662.

[13]　BURATTI C, VERDONE. R L-CSMA: a MAC protocol for multihop linear wireless (sensor) networks [J]. IEEE Transactions on Vehicular Technology, 2015, 65 (1): 251-265.

[14]　KAMAL A R M, HAMID M A. Supervisory routing control for dynamic load balancing in low data rate wireless sensor networks [J]. Wireless Networks, 2017, 23 (4): 1085-1099.

[15]　KONG F, ZHOU Y, CHEN G. Multimedia data fusion method based on wireless sensor network in intelligent transportation system [J]. Multimedia Tools and Applications, 2019: 1-13.

[16]　AMBIGAVATHI M, SRIDHARAN D. Energy-aware data aggregation techniques in wireless sensor network [J]. Advances in Power Systems and Energy Management. Springer, Singapore, 2018, 436: 165-173.

[17]　SINGH V K, KUMAR M. A compressed sensing approach to resolve the energy hole problem in large scale WSNs [J]. Wireless Personal Communications, 2018, 99 (1): 185-201.

[18]　WANG W, WANG D, JIANG Y. Energy efficient distributed compressed data gathering for sensor networks [J]. Ad Hoc Networks, 2017, 58: 112-117.

[19]　XIE R, JIA X. Transmission-efficient clustering method for wireless sensor networks using compressive sensing [J]. IEEE Transactions on Parallel and Distributed Systems, 2014, 25

(3): 806-815.

[20] YILDIZ H U, BICAKCI K, TAVLI B, et al. Maximizing wireless sensor network lifetime by communication/computation energy optimization of non-repudiation security service: node level versus network level strategies [J]. Ad Hoc Networks, 2016, 37 (2): 301-323.

[21] BICAKCI K, BAGCI I E, TAVLI B. Communication/computation tradeoffs for prolonging network lifetime in wireless sensor networks: the case of digital signatures [J]. Information Sciences, 2012, 188 (4): 44-63.

[22] MA X P, QIN Y, DONG H H, et al. Two-hierarchy communication / computation hybrid optimization protocol for railway wireless monitoring systems [J]. IEEE Transactions on Industrial Informatics, 2020, 16 (9): 5723-5734.

[23] ARASTOUIE N, SABAEI M, HAKAMI V, et al. A novel trade-off between communication and computation costs for data aggregation in wireless sensor networks [J]. International Journal of Ad Hoc and Ubiquitous Computing, 2013, 12 (4): 245-253.

[24] MA X P, DONG H H, LI P, et al. Adaptive optimization of multi-hop communication protocol for linear wireless monitoring networks on high-speed railways [J]. IEEE Transactions on Intelligent Transportation Systems, 2018, 20 (6): 2313-2327.

[25] YU Y, PRASANNA V K, KRISHNAMACHARI B. Energy minimization for real-time data gathering in wireless sensor networks [J]. IEEE Transactions on Wireless Communications, 2006, 5 (11): 3087-3096.

[26] ZHAN C, LAI H. Energy minimization in Internet-of-Things system based on rotary-wing UAV [J]. IEEE Wireless Communications Letters, 2019, 8 (5): 1341-1344.

[27] ZENG Y, XU J, ZHANG R. Energy minimization for wireless communication with rotary-wing UAV [J]. IEEE Transactions on Wireless Communications, 2019, 18 (4): 2329-2345.

[28] LIU X S, WU J. A method for energy balance and data transmission optimal routing in wireless sensor networks [J]. Sensors, 2019, 19 (13), 3017, 14pages.

[29] LIU J X, XIONG K, NG D W K, et al. Max-min energy balance in wireless-powered hierarchical fog-cloud computing networks [J]. IEEE Transactions on Wireless Communications, 2020, 19 (11): 7046-7080.

[30] MOSTAFAEI H. Energy-efficient algorithm for reliable routing of wireless sensor networks [J]. IEEE Transactions on Industrial Electronics, 2019, 66 (7): 5567-5575.

[31] WANG Z J, HU H. Improved precast production-scheduling model considering the whole supply chain [J]. Journal of Computing in Civil Engineering, 2017, 31 (4): 2017.

# 第6章　铁路状态基础设施及运行环境状态监测WSN时延优化

在铁路监测系统中，计算资源的分配、任务调度机制是决定传输、处理和决策三个环节效能的关键所在。及时的致灾信息处理将提升灾害信息的响应速度，有效提升防灾监测预警效能。本章提出了一种基于边云协同方案的铁路监控系统有效时延最小化模型（以下统一简称为时延优化模型）。综合考虑任务卸载策略、任务优先级和计算资源分配，得到最优的任务分配策略和监控系统最小总有效时延。通过在五种铁路监控场景下与其他五种方案进行比较，所提出的模型可以更快地响应高优先级任务并获得更小的有效时延。本章为边云协同在铁路环境监测系统中的应用提供了很好的支持。

## 6.1　铁路基础设施及运行环境状态监测时延优化系统结构

本节描述了基于边云协同的铁路状态监测时延优化系统的整体结构、模型需求分析以及系统的设计方案，设计方案主要介绍了时延优化模型的整体思路。

### 6.1.1　铁路基础设施及运行环境状态监测时延优化系统结构表示

时延优化系统结构如图6-1所示，所提出的模型构建了一个边云协同系统，由一个中心化的云平台和$J$个边缘计算服务器组成。云平台包括云计算服务器，数据库和其他服务器，边缘节点包括边缘服务器和基站，用$J=\{1, 2, \cdots, J\}$表示。每个边缘计算服务器（Edge Computing Server，ECS）都配备有一个基站（Base Station，BS）。在第$J$个基站的覆盖范围内有$I_j$个终端设备，每个终端设备通过给定的无线信道连接到相应的基站，每个基站只负责传输终端设备采集到的数据，该数据在云服务器和边缘服务器之间的覆盖范围内，边缘节点之间不相互传输数据。

### 6.1.2　铁路基础设施及运行环境状态监测时延优化需求分析

模型主要关注与铁路安全运行关系最密切的强风、暴雨、暴雪、异物等四

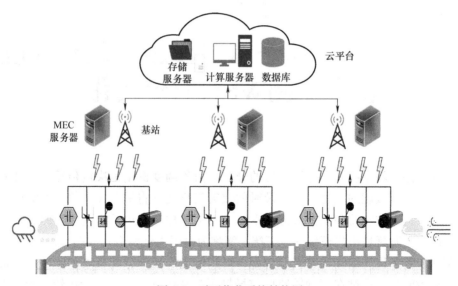

图 6-1　时延优化系统结构图

类致灾因素。由于铁路运行环境极其复杂，任务响应时间的要求因数据类型和任务在时间和空间上的分布而异。与云计算方案相比，边缘计算方案在延迟抑制方面被证明是有效的，特别是对于延迟敏感度高的铁路监控系统。然而，边缘计算资源是有限的，无法满足各种监控任务的不同计算需求，因此，传统的云计算系统和边缘计算系统难以满足轨道状态监测需求，制定不同的任务调度策略来减少有效延迟仍然是一个大问题。以往的研究多集中在边缘任务卸载策略以实现最小延迟，几乎没有考虑任务优先级和计算资源分配等因素。本章提出将边缘服务器设置在基站附近，不仅可以更快地完成任务，而且传输更稳定[1-3]，这有效地保证了铁路监控系统对危险情况识别的响应时间和可靠性。同时提出了一种基于边云协同方案的铁路监控系统有效延迟最小化模型，综合考虑任务卸载策略、任务优先级和计算资源分配，得到最优的任务分配策略和相应的最小监控系统响应时延。

### 6.1.3　铁路基础设施及运行环境状态监测时延优化整体设计方案

结合 6.1.2 节中对问题场景的分析，可以得出任务处理流程为：$I_j$ 个终端装置将待处理的任务直接传输至其第 $j$ 个基站，由基站传输至边缘计算服务器进行任务分层和任务调度策略计算，基站将一部分数据传输至云计算服务器进行任务计算，剩余任务则在边缘计算服务器进行计算，待所有服务器利用自身的计算资源将任务完成计算后，再由基站将计算结果传回设备终端。

基于上述场景分析任务计算流程，系统分为以下三层：输入数据层，任务调度策略层和输出数据层。如图 6-2 所示。

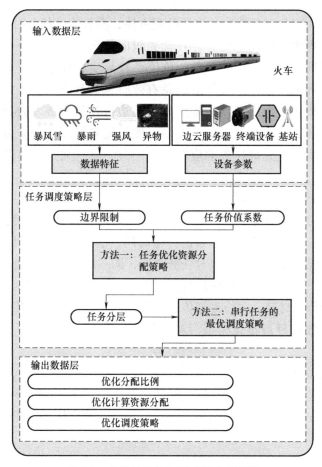

图 6-2　有效时延优化模型设计方案图

**1. 输入数据层**

输入数据包括主要影响铁路运行的四类任务：大风、暴雨、暴雪和异物数据，输入的数据主要包括两个方面：①数据特征：即任务类型、任务重要度、任务数据量和任务最迟截止处理时间等体现任务价值的参数；②边缘服务器、云服务器、基站和终端设备等的相关参数。

**2. 任务调度策略层**

对于铁路监控数据的处理，由于异物视频监测数据量大，且铁路运行对监测数据响应时间要求较高，仅仅在靠近移动终端设备附近布置可就近处理数据的边缘服务器已经远远不能满足数据量处理的要求；同时云服务器虽然具有强大的计算能力，但是与终端距离远的缺点使其难以快速响应监测任务的需求，因此急需将边缘端与云端结合起来，建立模型优化边缘与云任务分配比例以及计算资源等变量，从而降低任务的时延。

目前边缘计算和云计算中的资源分配方法，多数按照任务时间顺序分配计算资源，未考虑实际应用中任务存在优先级的问题。为了解决任务存在优先级问题，对不同任务赋予价值系数，价值系数与实际任务时延的乘积即为有效时延，在一周期内，以系统任务的总有效时延为优化目标，建立系统总有效时延最小化模型，求出不同任务所分配的边缘计算资源、云计算资源以及边缘服务器卸载至云服务器的任务数量，使得优先级高的任务分得更多的计算资源，在减少高优先级任务响应时间的同时，减少完成所有任务计算的总时间。

但根据以上方法优化会使得一个周期内计算资源分配固定，从而使得已处理结束的任务的计算资源不能被利用，造成一定的计算资源浪费；同时，不能节约任务从边缘节点传输到云平台的传输时间，也会增加系统时延。因此，在一个周期内，根据任务价值系数对任务分级，同一级任务时延要求相同；同时对其进行处理，不同级任务排序进行处理。在不同级任务之间，为更好利用传输链路而减少传输时延，在检测到传输链路空闲时就进行任务传输，建立基于任务分级的有效时延最小化模型，对任务最佳排队次序、任务分配比例进行优化。

### 3. 输出数据层

输出数据包括：①并行任务最优任务分配比例；②并行任务的边缘与云最优计算资源分配；③并行任务最优调度策略，包括最优任务分配比例、任务排列次序等。

## 6.2 铁路基础设施及运行环境状态监测有效时延优化模型

本节将详细介绍时延优化模型建立和计算过程，包括系统有效时延模型和基于任务分级的系统有效时延模型。

### 6.2.1 铁路基础设施及运行环境状态监测有效时延优化模型框架

在本节中，首先将对系统任务处理时延进行分析并给出计算公式，其次根据任务特征数据和重要度等参数建立价值系数参数模型，并根据价值系数对边缘节点的所有任务进行分级，建立模型对分级后的任务进行调度优化。这种新方法的基本结构如图 6-3 所示。

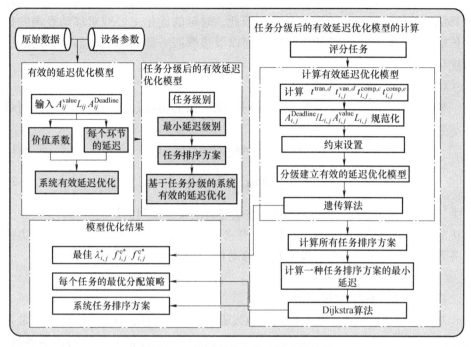

图 6-3 有效时延优化模型策略结构图

## 6.2.2 铁路基础设施及运行环境状态监测有效时延最小化模型建立

### 1. 有效时延分析与计算

本节主要介绍系统有效时延模型建立和计算的过程：在一个周期内，任务由移动终端传入边缘服务器，在边缘节点，边缘服务器将输入变量代入时延计算公式，建立系统最小有效时延化模型，得到一个周期内边缘服务器卸载至云服务器的任务数量和任务分配的边缘与云计算资源，所有任务同时开始进行处理，系统总有效时延为所有任务有效时间总和。

（1）时延分析

首先对任务处理过程进行分析：在一个周期内，移动设备直接将周期内采集的所有任务卸载到相应的边缘节点，不进行本地计算，边缘服务器随即对任务计算资源的分配、任务分割比例进行优化，边缘服务器计算部分任务，同时其余部分通过回程链路将部分数据卸载到云服务器，在边缘服务器和云服务器完成任务计算后，即得到所有边缘节点的最小有效时延，

整个过程的时延时间主要包括：移动终端的数据传输时间、边缘服务器任务分割计算时间、边缘节点的数据传输时间、边缘服务器与云服务器计算时间、计算结果的传输时间。与任务计算和通信时间相比，任务分割的时间非常短，

可以忽略不计。而计算结果数据量也足够小，使得下载时延可以被忽略，因此计算结果的传输时间也可以被忽略。因此，时延的优化主要针对移动终端的数据传输时间、边缘节点的数据传输时间以及边缘服务器与云服务器计算时间进行优化。

（2）终端设备传输时延

根据文献［4］，数据从移动终端到边缘节点的传输过程所需的传输时间可表示为

$$t_{i,j}^{\text{tran},d} = L_{i,j}/V_n \tag{6-1}$$

$$V_n = B\log_2\left(1+\frac{\beta M_{pn}}{N_0}\right) \tag{6-2}$$

式中，$\beta$ 为任务 $A_{i,j}$ 所处的第 $n$ 个移动终端与边缘服务器间的信道增益，$\beta$ 为一个随机的独立同分布变量；$M_{pn}$ 为第 $n$ 个任务所在的移动终端将任务 $i$ 发送至边缘服务器时提供的发射功率，设定 $M_p$ 为移动终端所能提供的最大的发射功率，有 $M_{pn} \leqslant M_p$。

（3）边缘服务器传输时延

对于每个边缘节点，通信模块（收发器）和计算模块（CPU/GPU）通常是分开的。因此，边缘计算部分数据的计算可以与云计算部分数据的传输并行。由于任务分组到达具有随机性、复杂的路由算法和其他因素，其时延很难建模[5]，根据文献［4］，假设资源调度策略和路由算法都是固定的。边缘节点的传输时间可以表示为

$$t_{i,j}^{\text{tran},e} = \frac{(1-\lambda_{i,j})L_{i,j}}{W_j} \tag{6-3}$$

式中，$W_j$ 为与第 $j$ 个边缘节点关联的每个设备的每设备回程通信容量。

（4）边缘服务器计算时延

为适应一般情况，假定每个计算任务都可以任意分割，任务皆可在边缘服务器和云服务器进行处理。边缘服务器收到移动终端传输的任务数据后，随即将任务进行分割，边缘服务器将可用资源分配给不同的任务。根据文献［5］中的模型，可以得到 MEC 服务器上处理数据的边缘计算部分的计算时延公式为

$$t_{i,j}^{\text{comp},e} = \frac{\lambda_{i,j}L_{i,j}C_{i,j}}{f_{i,j}^e} \tag{6-4}$$

式中，$f_{i,j}^e$ 为第 $j$ 个边缘节点分配给第 $i$ 个设备的计算资源（以 CPU 周期/s 为单位）。

（5）云服务器计算时延

与边缘服务器计算资源分配类似，$f_{i,j}^c$ 表示云服务器分配给第 $j$ 个边缘节点的第 $i$ 个设备的云计算资源。则云服务器上处理余下的任务量的计算时延公式为：

$$t_{i,j}^{\text{comp,c}} = \frac{(1-\lambda_{i,j})L_{i,j}C_{i,j}}{f_{i,j}^{\text{c}}} \qquad (6\text{-}5)$$

（6）资源价值系数设定

由于每种任务所具有的重要度、任务数据量和任务最迟截止处理时间不同，并且每种任务单位时延为整个系统带来的资源价值也存在差异，因此根据这三种主要因素设定每个任务的价值系数，再根据资源价值系数确定边缘计算资源比例。首先，假定不同种类的单位任务在分配相同计算资源的情况下所需要的计算时间相同，并且所有任务同时到达边缘节点，由$A_{i,j}$表示第$i(i \in [1, \cdots, 2])$个移动终端节点发送到第$j$个边缘节点的待处理任务。具体信息的参数表示为$A_{i,j} = \{L_{i,j}, C_{i,j}, A_{i,j}^{\text{Deadline}}, A^{\text{value}}\}$，其中$L_{i,j}$表示处理任务的输入数据大小（以 bit 为单位），$C_{i,j}$表示计算该任务的一位数据所需的 CPU 周期数，$A_{i,j}^{\text{Deadline}}$表示任务的最迟截止处理时间，$A^{\text{value}}$表示任务的重要度程度。分析这三类要素对资源价值系数的影响，任务重要度$A^{\text{value}}$越高、单位任务最迟截止响应时$A_{i,j}^{\text{Deadline}}/L_{i,j}$越小，资源价值系数越大；同时考虑数据量对资源价值系数的影响，若对不同任务的数据量直接进行比较会导致任务量数据量偏大的数据总是优先进行，因此将同类数据量与其最大任务量的比值$L_{i,j}$作为影响资源价值系数的一个因素，该比值越大，则资源价值系数越大。分别将各个影响因素进行归一化如式（6-6）~式（6-8），资源价值系数可以表示为：

$$a = \frac{A_{i,j}^{\text{value}}}{\sum\limits_{j=1}^{J} \sum\limits_{i=1}^{I} A_{i,j}^{\text{value}}} \qquad (6\text{-}6)$$

$$b = \frac{A_{i,j}^{\text{Deadline}}/L_{i,j}}{\sum\limits_{j=1}^{J} \sum\limits_{i=1}^{I} A_{i,j}^{\text{Deadline}}/L_{i,j}} \qquad (6\text{-}7)$$

$$c = \frac{L_{i,j}}{\sum\limits_{j=1}^{J} \sum\limits_{i=1}^{I} L_{i,j}} \qquad (6\text{-}8)$$

$$\alpha_{i,j} = \frac{a + c + 1/b}{\sum\limits_{j=1}^{J} \sum\limits_{i=1}^{I}(a + c + 1/b)} \qquad (6\text{-}9)$$

**2. 有效时延模型建立**

每周期内计算资源分配固定，已处理结束的任务的计算资源不能被利用，造成一定的计算资源浪费，若要改善计算资源浪费则要尽量使所有任务基本同时完成处理，这不符合设置优先级的初衷。同时，不能缩减任务从边缘节点传输到云平台的传输时间，也会增加系统时延。为了减少计算资源的浪费和有效利用边缘节点到云平台的传输时间，让任务排队进行处理，同时对任务响应时间相同的进行合并，从而有效满足不同优先级任务时延响应要求，本节提出基于任务分级的系统有效时延模型：在一个周期内，任务由移动终端传入边缘服务器，在边缘节点，将有效时延系数接近的任务进行合并，将任务分成不同级，对同一级任务内部的子任务同时进行处理，求得同一级不同任务所分配的边缘计算资源、云计算资源以及边缘服务器卸载至云服务器的任务数量。对不同级任务，排队进行处理，以减少任务同时进行处理的计算资源的损失；为减少边缘节点到云端的传输时延，在检测到传输链路空闲时就提前进行任务传输，利用 Diskjsa 算法求出不同级任务的排队次序，同时在前一个任务传输信道空闲时就对后一个任务提前进行传输。系统总有效时延为每一级任务有效时间总和。

（1）任务分级

本节主要介绍根据资源价值系数对边缘节点所汇聚任务 $A_{i,j}$ 进行分级的算法流程，下节将分别介绍级内和级间任务时延优化的任务调度算法流程（见表6-1）。

**表6-1　时延优化的任务调度算法流程**

**任务分级算法：**

输入：价值系数矩阵　$\alpha_{i \times j}$，任务 $A_{i,j}$，$i \in [1, 2, \cdots, I]$，$j \in [1, 2, \cdots, J]$；$B=0$；$A=0$；

输出：分级任务；

**步骤1**：*for* $j=1, \cdots, J$；

**步骤2**：*for* $i=1, \cdots, I$；

**步骤3**：*for* $k=1, \cdots, I$；

**步骤4**：if $|\alpha[i,:] - \alpha[k,:]| \leqslant \varepsilon$；

**步骤5**：end if $B += \alpha[k,:]$；

**步骤6**：$\alpha[i,:]. \, delete \, (k)$；

**步骤7**：$A. \, append \, (B)$

**步骤8**：如所有节点已处理，则结束

通过以上算法，对第 $j$ 个边缘节点处对任务 $(A_{i,j}, \cdots, A_{N,j})$ 进行合并，合并后任务可以表示为 $A_{k,j}$，其中 $k \in [1, \cdots, K]$。合并后任务的有效时延由子任务的平均值计算得到，可以表示为

$$\alpha_{k,j} = \frac{\sum\limits_{i=1}^{N} \alpha_{i,j}/N}{\sum\limits_{k=1}^{K} \sum\limits_{i=1}^{N} \alpha_{i,j}/N} \tag{6-10}$$

（2）同级内任务调度方法研究

为更好利用传输链路而减少边缘节点向云端任务传输时延，在检测到前一个任务在传输链路空闲时，就对下一个任务提前进行传输，假设对第 $i$ 个移动设

备传输至第 $j$ 个边缘节点的任务 $A_{i,j}$，其可提前传输的任务量为 $L_{i,j}^{\mathrm{tran,e'}}$，因此任务 $A_{i,j}$ 还需传输至云端的任务数量 $L_{i,j}^{\mathrm{tran,e}}$ 的计算公式为

$$L_{i,j}^{\mathrm{tran,e}}=\max(0,(1-\lambda_{i,j})L_{i,j}-L_{i,j}^{\mathrm{tran,e'}}) \tag{6-11}$$

边缘节点的传输时间可以表示为

$$t_{i,j}^{\mathrm{tran,e}}=\frac{L_{i,j}^{\mathrm{tran,e}}}{W_j}=\frac{\max(0,(1-\lambda_{i,j})L_{i,j}-L_{i,j}^{\mathrm{tran,e'}})}{W_j} \tag{6-12}$$

根据对合并任务内部时延进行优化。结合下文的价值系数以及计算资源等限制条件，合并任务内部有效时延优化模型 P3 可表示为

$$\min T_{k,j}=\min[\alpha_{k,j}\max(t_{i,j},t_{i+1,j},\cdots,t_{N,j})] \tag{6-13}$$

$$t_{i,j}=t_{i,j}^{\mathrm{tran,d}}+\max(t_{i,j}^{\mathrm{comp,e}},t_{i,j}^{\mathrm{tran,e}}+t_{i,j}^{\mathrm{comp,c}}) \tag{6-14}$$

s. t. :
$$\sum_i^I T_i^{\mathrm{Tran}}\leqslant B \tag{6-15}$$

$$\sum_{j=1}^{J}\sum_{i=1}^{N_j}f_{i,j}^{\mathrm{c}}=F^{\mathrm{c}} \tag{6-16}$$

$$\sum_{j=1}^{J}f_{i,j}^{\mathrm{e}}=f_j^{\mathrm{e}} \tag{6-17}$$

$$f_{i,j}^{\mathrm{c}}\geqslant0,f_{i,j}^{\mathrm{e}}\geqslant0 \tag{6-18}$$

$$0\leqslant\lambda_{i,j}\leqslant1,\ \forall i\in I,\ \forall j\in J \tag{6-19}$$

式（6-15）是移动终端节点的总体传输信道资源约束，式（6-16）是云平台最大计算资源约束，式（6-17）是边缘节点最大计算资源约束，式（6-19）表示任务分割比例限制在 0~1 之间。

分析 P3 发现 $t_{i,j}^{\mathrm{tran,d}}$ 与 $\max\{t_{i,j}^{\mathrm{comp,e}},(t_{i,j}^{\mathrm{tran,e}}+t_{i,j}^{\mathrm{comp,e}})\}$ 的求解无关，不需要对其进行优化。分析 $\max\{t_{i,j}^{\mathrm{comp,e}},(t_{i,j}^{\mathrm{tran,e}}+t_{i,j}^{\mathrm{comp,e}})\}$ 的求解：首先，$t_{i,j}^{\mathrm{comp,e}}=\lambda_{i,j}L_{i,j}C_{i,j}/f_{i,j}^{\mathrm{e}}$ 随着 $\lambda_{i,j}$ 的增大而增大，是关于 $\lambda_{i,j}$ 的单调增加的线性函数，又因 $\lambda_{i,j}\in[0,1]$ 因此 $t_{i,j}^{\mathrm{comp,e}}\in[0,L_{i,j}C_{i,j}/f_{i,j}^{\mathrm{e}}]$。当 $(1-\lambda_{i,j})L_{i,j}>L_{i,j}^{\mathrm{tran,e'}}$ 时，$t_{i,j}^{\mathrm{tran,e}}+t_{i,j}^{\mathrm{comp,c}}=(1-\lambda_{i,j})\left(\frac{1}{W_j}+\frac{C_{i,j}}{f_{i,j}^{\mathrm{c}}}\right)L_{i,j}-L_{i,j}^{\mathrm{tran,e'}}$ 随着 $\lambda_{i,j}$ 的增大而减小，$\max\{t_{i,j}^{\mathrm{comp,e}},(t_{i,j}^{\mathrm{tran,e}}+t_{i,j}^{\mathrm{comp,e}})\}$ 随着 $\lambda_{i,j}$ 的增加先减少后增加，当 $t_{i,j}^{\mathrm{comp,e}}=t_{i,j}^{\mathrm{tran,e}}+t_{i,j}^{\mathrm{comp,e}}$ 时，$t_{i,j}^{\mathrm{comp,e}}$ 达到最小。当 $(1-\lambda_{i,j})L_{i,j}\leqslant L_{i,j}^{\mathrm{tran,e'}}$，$t_{i,j}^{\mathrm{comp,e}}+t_{i,j}^{\mathrm{tran,e}}=t_{i,j}^{\mathrm{comp,e}}=\lambda_{i,j}L_{i,j}C_{i,j}/f_{i,j}^{\mathrm{e}}$ 时，$\max\{t_{i,j}^{\mathrm{comp,e}},(t_{i,j}^{\mathrm{tran,e}}+t_{i,j}^{\mathrm{comp,e}})\}=\max\{\lambda_{i,j}L_{i,j}C_{i,j}/f_{i,j}^{\mathrm{e}},(1-\lambda_{i,j})L_{i,j}C_{i,j}/f_{i,j}^{\mathrm{c}}\}$ 随着 $\lambda_{i,j}$ 的增加先减少后增加，$\lambda_{i,j}^*=$

$$\begin{cases}\dfrac{f_{i,j}^{\mathrm{e}}}{(f_{i,j}^{\mathrm{e}}+f_{i,j}^{\mathrm{c}})},(1-\lambda_{i,j})L_{i,j}\leqslant L_{i,j}^{\mathrm{tran,e'}}\\[2mm]\dfrac{f_{i,j}^{\mathrm{e}}(f_{i,j}^{\mathrm{c}}+C_{i,j}W_j)}{f_{i,j}^{\mathrm{e}}(f_{i,j}^{\mathrm{c}}+C_{i,j}W_j)+f_{i,j}^{\mathrm{c}}C_{i,j}W_j},(1-\lambda_{i,j})L_{i,j}>L_{i,j}^{\mathrm{tran,e'}}\end{cases}$$

，将 $\lambda_{i,j}^*$ 代入式（6-4）、式（6-5）

及式（6-12）后再代入式（6-14），可得

$$t_{i,j}=\begin{cases} L_{i,j}/V_n+\dfrac{L_{i,j}C_{i,j}f_{i,j}^{e}}{f_{i,j}^{e}(f_{i,j}^{e}+f_{i,j}^{c})}, & (1-\lambda_{i,j})L_{i,j}\leqslant L_{i,j}^{\text{tran},e'} \\[4mm] L_{i,j}/V_n+\dfrac{C_{i,j}f_{i,j}^{c}+C_{i,j}^{2}W_j}{f_{i,j}^{c}f_{i,j}^{c}+C_{i,j}W_j(f_{i,j}^{e}+f_{i,j}^{c})}L_{i,j}, & (1-\lambda_{i,j})L_{i,j}> L_{i,j}^{\text{tran},e'} \end{cases}$$

针对 P3 这种单目标混合约束优化问题，采用遗传算法求解，利用 Python 库中的优化算法包 scikit-opt 对封装的遗传算法进行调用，对优化问题中的未知数进行求解。

（3）不同级任务调度优化方法研究

对于合并任务时延，除传输与计算时间外，还应考虑排队等待时间，第 $j$ 个边缘节点的有效时延可以表示为

$$T_j = \sum_{k=1}^{K}\left[ T_{k,j}^{\text{wait}} + T_{k,j}\right] \tag{6-20}$$

式中，$T_j$ 为第 $j$ 个边缘节点的有效时延；$T_{k,j}^{\text{wait}}$ 为任务合并后在第 $j$ 个边缘节点处的第 $k$ 个合并任务的等待有效时延；$T_{k,j}$ 为在不考虑任务等待时间的情况下，任务合并后在第 $j$ 个边缘节点处的第 $k$ 个合并任务有效时延。

根据以上分析，系统总有效时延优化模型 P4 可表示为

$$\min T = \min\sum_{j=1}^{J} T_j = \sum_{j=1}^{J}\sum_{k=1}^{K}\left[ T_{k,j}^{\text{wait}} + T_{k,j}\right] = \min\sum_{j=1}^{J}\sum_{k=1}^{K}\left[ \boldsymbol{\alpha}\times(\boldsymbol{P}T_{k,j}) + T_{k,j}\right]$$

$$\tag{6-21}$$

$$\boldsymbol{\alpha}=\left[ \alpha_{1,j},\cdots,\alpha_{k,j}\right] \tag{6-22}$$

$$\boldsymbol{P}=\begin{bmatrix} a_{11} & \cdots & a_{1,k} \\ \vdots & & \vdots \\ a_{k,1} & \cdots & a_{kk} \end{bmatrix} \tag{6-23}$$

$$a_{m,n}=\begin{cases} 0, \text{表示第 } m \text{ 个任务未在第 } n \text{ 个任务之前处理} \\ 1, \text{表示第 } m \text{ 个任务在第 } n \text{ 个任务之前处理} \end{cases}, \sum a_{m,n}=m-1$$

$$\tag{6-24}$$

式中，$\boldsymbol{\alpha}$ 为 $1\times k$ 的行向量；$\boldsymbol{P}$ 为 $k\times k$ 的矩阵；$\sum a_{m,n}$ 为第 $m$ 个处理的任务前已经处理的任务个数；$(\boldsymbol{P}T_{k,j})$ 为第 $k$ 个任务的等待时间。

并行任务调度优化是针对合并任务内部的各个任务的计算资源分配以及任务分割比例的优化，而串行任务是在并行任务的基础上，针对合并任务之间的排序方式进行优化。

以第 $j$ 个边缘节点为例，当任务到达边缘节点时求出所有合并任务的所有排序方式，根据对第 $j$ 个边缘节点并行任务的优化，求出所有排序方式的有效时

延，最后将所有排序下的有效时延输入至 Dijkstra 算法求出使系统总有效时延最小的排序方式，完成对串行任务调度策略的优化。

根据以上分析，得到单个排序方式下串行任务的调度流程，根据调度流程可以求出一个周期内所有边缘节点的所有排序方案下的系统有效时延，随之求出所有边缘节点的最优调度次序。单个排序方式下任务调度流程见表 6-2 及图 6-4。

**表 6-2 单个排序方式下任务调度流程**

| 单个排序方式下任务调度流程 |
| --- |
| **步骤 1**：初始化，set $n=1$； |
| **步骤 2**：初始化，set $j=1$； |
| **步骤 3**：初始化，set $k=1$； |
| **步骤 4**：计算 $t_{i,j}^{\text{comp,c}}$， $t_{i,j}^{\text{comp,e}}$， $t_{i,j}^{\text{tran,e}}$， $\lambda_{i,j}^{*}$， $t_{i,j}^{*}$； |
| **步骤 5**：计算 $T_{k,j}^{*}$， $T_{k,j}^{\text{wait}}$ |
| **步骤 6**：如当前基站空闲，继续传输下一个任务；否则，不传输任务 |
| **步骤 7**：计算 $L_{i,j}^{\text{tran,e}'}$ |
| **步骤 8**：设置 $i=k+1$； |
| **步骤 9**：判断 $k=K$ 否 |
| **步骤 10**：if $k=K$，计算并存储 $T_j$ |
| **步骤 11**：if $k\neq K$，返回步骤 4 |
| **步骤 12**：设置 $n=n+1$； |
| **步骤 13**：if $n=K!$，设置 $j=j+1$；否则返回步骤 3 |
| **步骤 14**：判断 $j=J$ 否 |
| **步骤 15**：if $j=J$，then 计算 $T$，并通过 Dijsktra 算法得到最优排队顺序；否则返回步骤 3 |

## 6.2.3 铁路状态基础设施及运行环境监测有效时延优化模型实验验证

在本节中，将展示不同场景的仿真结果，以证明前述理论分析能够适应不同场景下铁路监控的监控需求。

### 1. 实验结果

使用 Python 软件对该方案的性能进行评估并与不同的方案进行比较，该软件广泛应用于制定和解决各种优化问题。为了证明方案具有良好的效率和适应性，设计了四种比较方案：仅边缘方案，所有任务都卸载到边缘服务器上进行边缘计算，没有任何云计算；仅云方案，所有任务都卸载到云服务器进行并行云计算；固定的云边缘方案，其中每个任务的一半在边缘节点处理，另一半卸

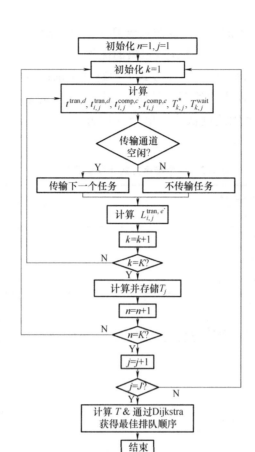

图6-4　单个排序方式下任务调度流程图

载用于云计算；协同云边方案，来自文献［4］；将基于有效时延系数的协同云边方案命名为有效协作边缘云方案（以下简称为方案一）；6.2.3节中所提方案命名为基于任务分级的有效协作边缘云方案。为了分析和讨论上述方案的效率和适应性，设计了四个场景来比较系统时延大小（以下简称为方案二）。

（1）场景1

五种方案的性能随着从移动设备收集的总数据大小的变化而变化。假设总云计算能力、边缘计算能力固定，且假设每个边缘节点服务4个移动设备，收集风、雨、雪、异物等数据。图6-5描绘了平均系统时延与总任务量的关系，从图中可以看出，由于云计算资源有限，仅云方案、固定云边方案、协同云边方案、有效协同云边方案和基于任务分级的有效协同云边方案的系统有效时延随着任务总量的增加而增加。

随着处理任务量的增加，六种方案引起的时延近似线性增加，但显然1bit数据量增加引起的时延损失不同：仅云方案最大，其次是仅边方案。仅边缘方

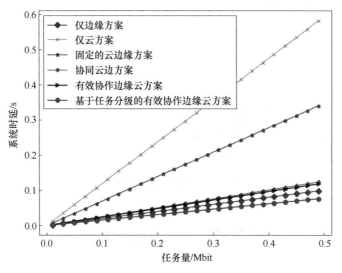

图6-5　随任务量增大六种方案平均系统时延变化

案明显小于固定云边缘方案，协同云边缘方案、有效协同边缘云方案有效时延
接近，从而说明有效时延系数的提出确实可以使任务重要度高的获得更少的时
延，基于任务分级的有效协同边缘云方案明显小于其他五种方案，造成这种现
象的可能原因是，即使云计算资源远大于边缘计算资源，但移动设备距离云平
台较远，这会造成数据传输的大量时间损失。至于仅边方案，即使边缘计算资
源少于云计算资源，边缘服务器更接近移动设备，传输时间损失更小。综上所
述，基于任务分级有效的边缘云协同方案能够更好地适应数据量的波动。

（2）场景2

铁路监测中边缘计算资源在各个区域会有所不同，云计算资源也会因为数
据量暴增而减小，因此需要分析边缘计算资源和云计算资源在一定范围内变化
时，时延的变化情况。本场景分别分析了边缘计算资源递增和云计算资源递增
的条件下，五个不同方案时延变化情况。

图6-6显示了系统时延与边缘服务器计算能力之间的关系。当边缘服务器的
计算能力增加时，除了仅云方案保持不变外，其他都有不同程度的减少，其中，
对于仅边缘方案和固定云边缘方案，随着边缘计算资源的增加，时延有较大幅
度的下降，说明这两种方案需要更大的边缘计算资源来满足铁路监控的时延要
求。至于另外三种方案，由于采用不同的计算资源优化分配策略，因此，随着
边缘计算资源的增加，时延的下降幅度要小得多，这表明这三种方案能更好适
应边缘计算资源波动变化的情况。然而，将基于任务分级的有效的边缘云协作
方案与其他两种方案进行比较，很明显我们的方案不仅可以获得更小的时延，

而且能更好地适应边缘计算资源的变化。

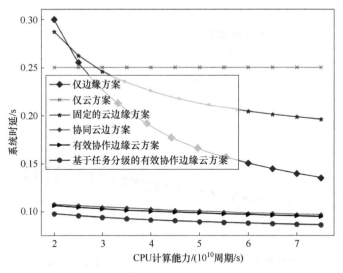

图 6-6　随边缘计算资源增大六种方案平均系统时延变化

图 6-7 显示了系统有效时延与云服务器计算能力的关系。当云服务器的计算能力增加时，除了边缘单方案保持不变且基于任务分级的有效协同边缘云方案有小幅增长外，其余均呈现小幅波动，说明云计算资源对有效时延的影响较小，可能的原因是边缘节点和云节点之间的距离过长，导致分配到云的任务量较少。分析本章方案小幅增长的原因：由于云计算资源的增长，导致越来越多的任务分配到云端进行处理，导致有效时延随着云计算资源增加出现小幅度增加。

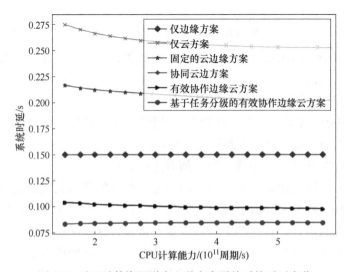

图 6-7　随云计算资源增大六种方案平均系统时延变化

（3）场景3

图6-8描绘了云计算能力和边缘计算能力固定，且边缘节点回程链路容量递增的情况下，六种方案时延变化情况。

假设如图6-8所示，边缘节点中处理的数据比例随着其回程链路容量而降低，这意味着应该为云计算卸载更多的任务数据。相应地，分配给第一边缘节点的云计算资源也会增加。原因可以解释如下：当回程链路容量增加时，相应的边缘节点将更多数据卸载到云服务器以获得更少的时延。

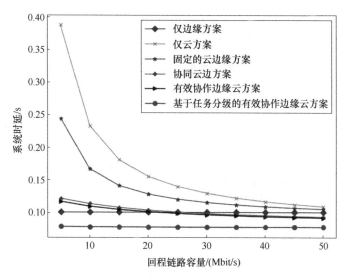

图6-8 随回程链路增大六种方案平均系统时延变化

（4）其他情况

为了分析不同价值系数的任务的时延差异，比较单个任务在价值系数在［0，1］之间变化时，六个方案的实际时延大小如图6-9所示。

为了验证利用价值系数对任务进行合并分级策略的科学性，设计了两组对比试验，比较分级与不分级系统有效时延的大小如图6-10所示。

**2. 实验结果讨论**

1）图6-5显示了方案随任务数量的变化。随着处理任务量的增加，六种方案引起的有效延迟近似线性增加。但很明显，增加一位数据带来的延迟损失是不同的：仅云方案最大，仅边缘方案次之；仅边缘方案明显小于固定云边缘方案。协同云边方案和方案一的有效延迟接近，说明价值系数确实可以让高优先级的任务获得更少的有效延迟。方案二明显小于其他五个方案，显然效果最好。造成这种现象的可能原因是：即使云计算资源远大于边缘计算资源，但移动设备距离云很远，这会给数据传输造成很大的时延损失。对于仅边方案，即使边

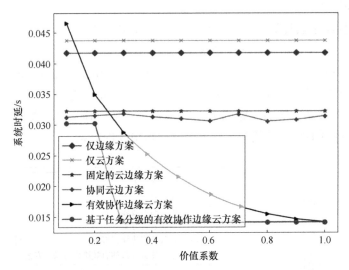

图 6-9  随有效时延系数增大六种方案平均系统时延变化

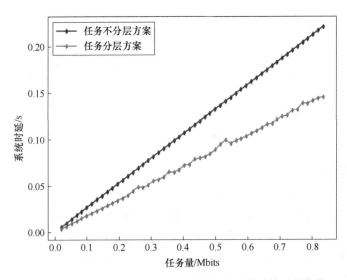

图 6-10  随任务量增大分级与不分级方案平均系统时延变化

缘计算资源少于云计算资源，边缘服务器离移动设备更近，因此传输时延损失更小。综上所述，方案二比其他方案更能适应数据量的波动。

2）图 6-6 和图 6-7 显示了方案的有效时延随着计算资源的变化而变化。从图 6-6 可以看出，当边缘计算资源增加时，除了仅云方案保持不变外，其他方案都有不同程度的减少。其中，对于仅边方案和固定边缘云方案，随着边缘计算资源的增加，有效时延有很大的下降，这表明这两种方案需要更大的边缘计算资源来满足铁路监控的时延要求。至于其他三种方案，可以根据不同的计算资源来优化分配策略，随着边缘计算资源的增加，有效时延的下降幅度要小得多。云边协同方案与方案一的结果非常接近，可见方案二不仅可以获得比其他方案更小的有效时延，而且能够更好地适应边缘计算资源的变化。从图 6-7 可以看出，当云计算资源增加时，除了仅边方案保持不变，方案二有小幅增加外，其余均呈现小幅波动，说明云计算资源对有效时延的影响较小。在损失有效时延方面，方案二比其他方案少很多，但方案二在图 6-8 中出现了小幅下降，可能的原因可能是：由于云计算资源的增长，越来越多的任务被分配到云端进行处理，导致方案二的有效延时小幅增加，可以接受。

3）从图 6-8 显示当边缘服务器计算能力增加时，所有方案都有不同程度的减少。这是因为随着回程链路的增加，更多的任务被发送到云服务器，降低了系统时延，方案二对回程链路容量有很好的适应性。

4）从图 6-9 和图 6-10 可以发现，利用价值系数和任务分级可以对有效时延产生有效的结果。图 6-10 中方案一的时延随着数值系数的增大而逐渐减小，方案二的时延在系数等于 1 时降到最小，然后保持稳定。其余方案对价值系数的变化几乎没有影响。并且任务分级方案的有效时延明显低于无分级方案。

仿真和案例研究结果表明了所提出策略的有效性，以及与以前的优秀方案相比的优势。

## 6.3 本章小结

本章主要考虑到风、雨、雪、异物入侵等不同通信需求，提出了铁路环境监测系统的有效时延优化模型。进一步设计了基于边云协同的有效时延最小化模型，采用分级排队策略降低系统时延。根据利用价值系数对任务进行分级，研究最优的任务卸载、计算资源分配和任务排队顺序优化策略，以提高效率。仿真结果表明，本章提出的时延优化方案对于具有较高价值系数的任务可以获得较低的延迟。而且，采用任务分级策略可以获得比不分级策略更小的有效延迟。最后证明本章所提方案的时延，对于任务量、边缘计算资源、云计算资源、回程链路容量变化的敏感性低于其他五种方案，能够很好地满足恶劣气象环境下的轨道监测系统需求。

## 参 考 文 献

［1］ MAO Y, YOU C, ZHANG J, et al. A survey on mobile edge computing：the communication perspective ［J］. IEEE Communications Surveys & Tutorials，2017，19（4）：2322-2358.

［2］　HAN Q, ZHANG X, ZHANG J, et al. et al. Research on resource scheduling and allocation mechanism of computation and transmission under MEC framework ［C］. IEEE Intelligent Transportation Systems Conference（ITSC）, 2019：437-442.

［3］　XU X, ZHANG X, LIU X, et al. Adaptive computation offloading with edge for 5G-envisioned internet of connected vehicles ［J］. IEEE Transactions on Intelligent Transportation Systems, 2020：1-10, DOI：10. 1109/TITS. 2020. 2982186.

［4］　REN J, YU G, HE Y, et al. Collaborative cloud and edge computing for latency minimization ［J］. IEEE Transactions on Vehicular Technology, 2019, 68（5）：5031-5044.

［5］　ZHANG G, QUEK T Q S, KOUNTOURIS M, et al. Fundamentals of heterogeneous backhaul design—analysis and optimization ［J］. IEEE Transactions on Communications, 2016, 64（2）：876-889.

# 第7章  铁路基础设施及运行环境状态监测WSN带宽优化

铁路系统信息传输的可靠性、实时性是由信息传输节点的传输带宽决定的，然而无线通信网的传输带宽有限，难以满足铁路系统中复杂多样的传输对象及其服务对信息实时传输的带宽需求，而且各类服务对象在铁路系统运行的不同时段对信息传输带宽需求是动态变化的。本章将建立系统效用函数来反映各业务在带宽分配过程中的合作与竞争关系，从而使得带宽分配结果可以在满足各业务带宽需求的同时，最大化系统带宽资源的使用效能。

## 7.1  铁路基础设施及运行环境状态监测 WSN 带宽优化系统结构

本章主要给出铁路无线通信系统带宽分配总体结构，分析带宽优化需求以及建立带宽分配优化模型。为验证模型效果，分析在带宽需求确定及不确定两种情景模式下，该带宽资源分配优化策略的安全性和经济性。

### 7.1.1  铁路基础设施及运行环境状态监测 WSN 带宽优化系统结构表述

铁路无线通信网信息传输的稳定性和实时性是保证列车安全运行和满足乘客需求的基础，这就需要为铁路无线通信网的每个参与者提供足够的带宽资源，然而铁路无线通信网的带宽资源有限，因此需要对有限的带宽资源进行按需动态分配。在进行带宽按需动态分配模型建立时，需要考虑以下两方面的因素：①各服务对象对信息传输的优先级和实时性要求不同；②各服务对象在铁路系统运行的不同时段传输的数据量是动态变化的。另外，本章建立的铁路无线通信网带宽资源动态分配模型，很难直接用数值分析的结果进行求解，因此本章采用智能优化算法进行带宽资源动态优化配置研究。结合非对称纳什（Nash）博弈和粒子群算法进行带宽资源动态调配，可以有效提升铁路无线通信网的服务质量和用户的乘坐体验。

如图 7-1 所示，铁路无线通信网带宽资源动态分配策略主要由三层构成，分别为带宽资源动态分配信息输入层、策略层和分配结果输出层。

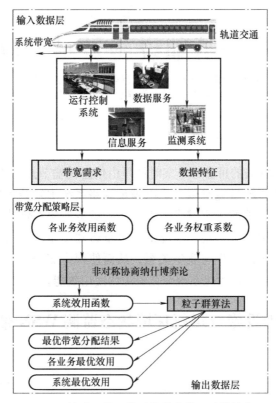

图 7-1　铁路无线通信系统带宽分配总体结构

**1. 带宽资源动态分配信息输入层**

铁路无线通信网传输的信息复杂多样，主要分为四类：列车运行控制信息（Railway Operation Control Information，ROCI），乘客服务信息（Passenger Service Information，PSI），乘客数据服务（Passenger Data Service，PDS）信息及铁路系统服役状态监测信息（Train Status Monitoring Information，TSMI）。列车运行控制信息主要包括列车调度信息、定位信息、运行速度及加速度信息等，该类信息关切列车实时运行的安全性，具备极高的信息传输实时性要求和优先级；乘客服务信息主要包括车载广播信息、列车温度和速度信息展示及车载视频系统的电视信息等；乘客数据服务信息指乘客在乘坐过程中进行移动办公或者娱乐需要的带宽资源，该类信息的实时性要求和优先级较低；铁路系统服役状态监测信息主要包括车体状态、基础设施状态及运行环境状态等信息，该类信息涉及内容复杂多样，数据传输的实时性要求和优先级较列车运行控制信息低而高于另外两类业务。各类业务的数据特征及信息传输需求见表 7-1。

表 7-1  铁路无线通信网四类传输业务及其需求

| 传 输 业 务 | 实时性要求 | 优先级 | 最小带宽需求 /（Mbit/s） | 最大带宽需求 /（Mbit/s） |
|---|---|---|---|---|
| 列车运行控制信息 | 高 | 高 | 1 | 4 |
| 乘客服务信息 | 中 | 中 | 2 | 15 |
| 乘客数据服务信息 | 低 | 低 | 9 | 32 |
| 铁路系统服役状态监测信息 | 中 | 高 | 1.5 | 6 |

铁路无线通信网带宽动态分配优化模型中输入层包含监测对象以下三方面的信息：①无线通信网络在不同信息传输时段的总带宽；②每一类传输业务对服务信息传输的最小和最大带宽需求；③每一类传输业务的信息数据特征，包括信息传输的实时性需求和优先级。

**2. 带宽资源动态分配策略层**

铁路无线通信网数据传输带宽资源动态分配基于系统提供的总带宽，结合不同传输业务的带宽需求和通信需求进行。首先对传输业务的数据特征进行分析，包括动态系统带宽、非对称业务数据传输，并为各传输业务分别定义效用函数和权重系数；然后在此基础上采用非对称合作纳什博弈论定义系统效用函数；最后使用粒子群算法对该非线性优化模型进行优化，为各业务进行动态带宽分配，从而提升系统带宽资源的综合利用效能。其中，各业务和系统的效用函数代表各业务和系统对各自分配的带宽和系统对整体带宽分配结果的满意度。对各传输业务而言，当分配到的带宽少于最大带宽需求时，其效用会随着分配到的带宽增加而提升；而对整个系统而言，采用智能分配策略将带宽按需合理地分配给各个业务，其效用才会发挥到最高水平。本章提出一种基于非对称合作纳什博弈论和粒子群算法相结合的铁路无线监测网络带宽动态分配策略（Particle Swarm Optimization for NLMM，N-PSO）进行系统各业务间带宽资源的优化配置。

**3. 带宽资源动态分配结果输出层**

铁路无线通信系统总的带宽资源会随着列车运行环境和运行速度的变化而变化，而各监测对象传输业务的数据量也会不停变化。为了匹配有限带宽资源供需两端的平衡，本章提出的 N-PSO 带宽动态配置策略需要在每次通信之前都执行一遍，保证系统带宽资源的利用始终保持在最合理最高效的模式下。N-PSO 带宽动态分配策略的输出结果需满足以下两个条件：①每个业务分到的带宽须大于各业务最低带宽需求，保证每个业务最基本、最关键信息的正常传输；②系统给各业务进行带宽分配的时候，要充分考虑带宽增量对各业务效用提升的效率，保证将有效带宽资源配给到需求最迫切的业务。输出结果包括：①各业务分配到的带宽大小；②各业务的效用值；③系统的效用值。

## 7.1.2 铁路基础设施及运行环境状态监测 WSN 带宽优化需求分析

铁路无线通信网系统是一个集合了信息感知、信息处理、信息传输、处理、信息服务的综合型系统。铁路无线通信网络主要由一些能量存储较少、数据存储和处理能力较低、通信带宽较小的感知节点和传输节点组成，一方面监测系统稳定性是由节点及系统生命周期决定的，本书在第 4 章、第 5 章和第 6 章已分别从监测子网、骨干传输网及系统时延优化等三个角度对铁路安全运行无线监测网信息传输的路由协议进行优化，从而提升监测和传输节点的能量效率；另一方面铁路系统信息传输的可靠性、实时性是由信息传输节点的传输带宽决定的，然而无线通信网的传输带宽有限，难以满足铁路系统中复杂多样的传输对象及其服务对信息实时传输的带宽需求，而且各类服务对象在铁路系统运行的不同时段对信息传输带宽需求是动态变化的。因此，需要建立一个系统效用函数来反映各业务在带宽分配过程中的合作与竞争关系，从而使得带宽分配结果可以在满足各业务带宽需求的同时，最大化系统带宽资源的使用效能。

本章具体分析铁路基础设施及运行环境状态监测 WSN 带宽优化需求。目前铁路沿线电力与通信保障设施匮乏，电网和通信网覆盖较差，存在诸多无电力和通信网络覆盖的无人区；外部电源薄弱，受天气影响较大且修复困难，易造成停电和网络中断。这对线路建设运营环境状态的实时、长期安全监测和信息回传提出重大挑战，如何对信息回传通信系统进行合理设计、建设、优化，确保在通信资源限制下、环境要素信息不确定情景下及时回传铁路环境监测数据，成为实现铁路建设运营安全监测、保障铁路安全建设运营的重中之重[1]。

铁路时空跨度大，导致通信系统建设难度极大、成本极高，用于铁路运行环境要素信息回传的带宽资源极其有限，合理有效地进行带宽资源分配，才能在有限的带宽资源限制下保证关键信息稳定可靠传输，提高系统的运营效率、经济性和安全性。目前，一些用以管理带宽资源并提高服务质量的带宽分配策略已经得到了广泛应用[2-4]，但大多集中于带宽资源静态分配策略[5-8]，即在系统设计初期根据传输业务的特性进行带宽资源预配置，适用于传输业务稳定的场景。铁路防灾监测通信系统中，多个监测信息共享有限的带宽资源，且有限的系统总带宽资源及各要素的数据量会随着外界环境因素不同而实时变化，导致静态带宽分配策略在此类系统带宽资源波动情景下失效。

铁路运行环境复杂，监测对象类型多样，不同监测对象的数据类型和数据量的差异导致其对信息传输带宽需求不同。同时，运行环境是不断变化的，同一环境要素在不同状态下对铁路运行安全态势的影响不同，导致其对通信系统的实时性要求也存在差异。然而，在带宽资源有限的条件下，通信传输系统难以保证所有要素信息实时、稳定、可靠传输。因此，需要根据不同要素信息的特征、对系统状态安全的影响能力、带宽需求及要素状态等综合信息，设计一套带宽自适应配给机制，确保关键信息的优先可靠传输，从而切实保障系统安全态势辨识和预警的实时性和可靠性。

如图7-2所示，铁路防灾监测通信系统是由传感器节点、汇聚节点、运行环境监测数据中心和列车运行调度所组成。其中，传感器节点负责感知运行环境各要素的实时状态并将感知信息发送到汇聚节点；汇聚节点负责对局部信息进行汇聚和融合处理，并将区域内的监测信息发送到数据中心用以状态辨识和预警分析；调度所将决策控制指令发送给列车操作室，由列车员根据指令进行行车控制。

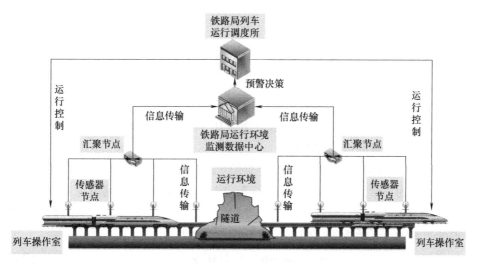

图7-2 铁路防灾监测通信系统示意图

### 7.1.3 基于非对称 Nash 博弈论的带宽资源分配优化模型

本章涉及多个环境要素状态感知传感器共同参与有限带宽资源的竞争，每个参与者力争获得更多的带宽来保证自身监测信息的可靠传输。然而，通信传输系统带宽资源有限，难以满足所有要素信息的传输。因此，为了提升系统总体的效用，需要各个参与者在带宽资源分配过程中进行博弈，力求使每个参与者和系统的整体效用最大化。假设铁路运行环境状态监测中共有 $N$ 类信息需要传输，根据自身信息特征及需求竞争网络带宽 $\Phi$，令 $b_{mini}$ 为保证 $i$ 类信息最基本信息传输需要的最小带宽，矢量 $\boldsymbol{B}_{min} = (b_{min1}, b_{min2}, \cdots, b_{minN})$ 表示各类信息最低带宽需求矢量；$b_{\mathrm{max}i}$表示$i$类信息完整传输所需要的最大带宽，$\boldsymbol{B}_{\mathrm{max}}=(b_{\mathrm{max}1},$ $b_{\mathrm{max}2},\cdots,b_{\mathrm{max}N})$表示各类信息最大带宽需求矢量，则$0\leqslant b_{\mathrm{min}i}\leqslant b_{\mathrm{max}i}$。同时，各类信息分配到的总带宽不能超过系统可以提供的总带宽，即$\sum_{i=1}^{N}b_i\leqslant\varPhi$。

由于每类信息都希望获得最大带宽来保证自身信息的稳定可靠传输，从而最大化自身效用。各环境要素的效用是由分配到的带宽资源决定的，两者呈正相关关系。一般来说带宽资源分配的越多表示该要素可传输的数据量越大，相应的效用也越高，反之亦然。但是，每类环境要素的数据量有限，需要的带宽资源也是有限的，当某类环境要素分配的带宽资源超过最大带宽需求后，各类要素的效用就不会随着带宽分配值的增加而增加了。因此，本章提出了一种基于非对称 Nash 博弈论的新型系统效用函数来描述带宽分配与要素效用之间的映射关系：

$$u(b_i)=\begin{cases}0, & b_i\leqslant b_{\mathrm{min}i}\\ \dfrac{1}{1+\mathrm{e}^{\frac{\eta_i(b_{\mathrm{mid}i}-b_i)}{(b_{\mathrm{max}i}-b_{\mathrm{mid}i})}}}, & b_{\mathrm{min}i}<b_i<b_{\mathrm{max}i}\\ 1, & b_{\mathrm{max}i}\leqslant b_i\end{cases}\tag{7-1}$$

式中，$b_{\mathrm{min}i}$表示第$i$类环境要素的最低带宽需求；$b_{\mathrm{max}i}$表示第$i$类环境要素的最大带宽需求；$b_{\mathrm{mid}i}$表示第$i$类环境要素效用为 0.5 时的带宽需求；$\eta_i$是效用调节系数，与各环境要素的带宽需求相关。

然而，运行环境的状态是实时变化的：一方面，不同状态下环境要素对系统安全态势的作用能力不同；另一方面，环境要素的实时数据量也是随时变化的。因此，环境要素对信息传输带宽资源需求的敏感程度也会变化。假设每类要素的带宽敏感系数为$\lambda_i$，带宽敏感系数定义如下：

$$\lambda_i=\alpha\varGamma_i+(1-\alpha)\gamma_i\tag{7-2}$$

式中，$\varGamma_i$表示基于环境要素的数据通信的优先级特征系数；$\gamma_i$表示基于数据特征的优先级特征系数。

面向系统安全性的环境要素通信优先级是从环境要素对铁路运行安全态势作用程度这一角度出发进行定义的。风、雨、雪、地震及异物侵限都有不同的等级，不同等级下各类要素对系统安全的影响程度是不同的，所以对环境信息要素传输的紧急程度也有差异。表征第$i$类环境要素在$k$等级下和其他环境要素的相对重要度的参与如下：

$$\varGamma_i=\frac{I(k_i)}{\sum_{i=1}^{n}I(k_i)}\tag{7-3}$$

式中，$I(k_i)$ 表示第 $i$ 类环境要素在 $k$ 等级下的数据重要度；$n$ 表示环境要素的类型总数。

数据特征优先级是从通信数据量和带宽需求的角度，对铁路运行环境要素信息进行分级。本章主要采用各类环境要素分配到的带宽资源与最大带宽需求的比值，来表示带宽分配的满意程度：

$$\gamma_i = \frac{b(i)}{b_{\text{max}i}} \tag{7-4}$$

式（7-4）表征第 $i$ 类环境要素的分配到的带宽与最大带宽需求的比率，比率越大表示对带宽需求越紧迫。

加权效用函数定义为

$$\hat{u}(b_i, \lambda_i) = u(b_i)^{\lambda_i} \tag{7-5}$$

上述定义只考虑了各类环境要素信息的带宽分配效用，对于整个铁路运行环境状态监测系统而言，必须考虑系统的整体效用，从而保障铁路系统整体运行的稳定性和可靠性。系统效用函数定义为

$$U(b_i, \lambda_i) = \sum_{i=1}^{N} \omega_i \hat{u}(b_i, \lambda_i) \tag{7-6}$$

式中，$\omega_i$ 为各类信息效用的加权因子，表明各类信息对系统整体效用的作用程度。

考虑各类信息对系统安全的作用能力及带宽需求，带宽敏感系数是由传输信息的特性决定的，在铁路运行环境监测中，风、雨、雪等气象要素与地震、泥石流、山体滑坡等地质灾害要素的监测数据量不同，数据对铁路运输系统的安全影响指数也不同。同一监测对象要素在不同指标特征情况下传输的需求也不同，因此，需要根据相同要素不同特征下的通信需求及不同要素间的通信需求差异来定义带宽敏感系数，以保证有限带宽资源的合理配置。加权因子可定义为

$$\omega_i = k_i \gamma_i \tag{7-7}$$

式中，$k_i = 1$，2，3，4，5，表示第 $i$ 类信息的优先级，$k_i$ 值越小表示第 $i$ 类信息的带宽分配优先级越高；分配的带宽越接近最大带宽需求，对系统总体效用的提升越大。

为了保证加权因子的和为1，需要对加权因子进行归一化处理：

$$\overline{\omega_i} = \frac{\omega_i}{\sum_{i=1}^{n} \omega_i}, i = 1, 2, \cdots, n \tag{7-8}$$

本章的研究目标是在保证铁路各要素基本信息可靠传输的基础上，根据各要素的带宽需求量和紧迫性，对有限的带宽资源进行按需动态配置，从而保障

铁路运行环境信息回传和系统带宽资源利用的高效性。因此，本章提出了一种非对称 Nash 博弈论的新型系统效用函数，并将该系统效用函数最大化定义为优化目标函数：

$$f(b_i) = \max \sum_{i=1}^{k} \overline{\omega}_i \times \hat{u}(b_i, \lambda_i)$$

$$\mathrm{s.\,t.} \sum_{i=1}^{k} b_i = \Phi$$

$$\sum_{i=1}^{k} \overline{\omega}_i = 1$$

$$0 \leqslant \lambda_i \leqslant 1; \ i = 1,2,\cdots,k$$

$$b_{mini} \leqslant b_i \leqslant b_{maxi}; \ i = 1,2,\cdots,k \tag{7-9}$$

## 7.2　铁路基础设施及运行环境状态监测 WSN 带宽分配优化求解

本节探讨的是运行环境要素状态不确定的情况下，基于遗传算法的铁路状态监测 WSN 带宽分配算法设计方法。

### 7.2.1　基于遗传算法的铁路状态监测 WSN 带宽分配算法设计

目前求解非线性优化的主要算法有基于数学的规划方法和基于遗传算法的启发式算法，本章的目标函数为非线性函数，采用精确算法求解难以获得满意解，而遗传算法（Genetic Algorithm，GA）是目前解决非线性优化问题非常高效的方法之一，具有计算复杂度低、全局寻优能力强等优点[9-10]。本章解决的是约束的非线性优化问题，GA 算法在选择、交叉和变异过程中产生子代和父代的差异较大，容易导致结果寻优方向的不确定。因此，本章借鉴传统带精英保留策略的遗传算法[11]，设计了受约束条件下带精英保留策略的遗传算法（Cross-Entropy Genetic Algorithm，CEGA），保证父代中优秀的染色体可以隔代遗传，确保了优化方向的正确性和结果的稳定性。本章将式（7-9）设计的系统目标函数作为该遗传算法的适应度函数进行优化求解，其中的个体非对称效用模型和权重因子分别由式（7-1）~式（7-5）和式（7-6）~式（7-8）构建和计算。本章将基于 CEGA 算法对铁路防灾监测通信系统的带宽资源进行优化配置，算法的流程如图 7-3 所示。

### 7.2.2　基于遗传算法的铁路状态监测 WSN 带宽分配算法实现

#### 1. 种群初始化
采用 CEGA 算法进行优化是基于最初的种群进行的，本章假设父代种群规

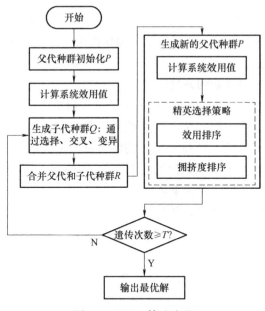

图 7-3　CEGA 算法流程

模为 $M$，即父代种群中包含 $M$ 条染色体，每条染色体中包含 $N$ 个基因组，$N$ 为参与通信传输系统带宽资源分配的环境要素个数。由于本章涉及的铁路运行环境要素的带宽需求和系统总带宽都是有约束的，因此种群中染色体和基因的设计都要符合信息回传系统的约束条件。

本章研究的铁路运行环境要素分为 5 类，每类要素的最低和最大带宽需求为定值，各类要素分配到的带宽资源介于最小和最大带宽需求之间。同时，5 类要素分配到的带宽和与系统提供的总带宽一致。在生成初始种群时，首先随机生成 5 个在各自带宽限制范围的 5 个数，且这 5 个数的总和为总带宽；然后，将每个数转化为 14 位二进制数，形成由 5×14 个基因组成的一条染色体；最后，按照上述步骤依次生成 $M$ 条染色体，形成父代种群。

**2. 种群优化**

与传统的遗传算法相比，本章采用的带精英优选策略的遗传算法在染色体选择时，引进精英保留策略，使得父代中表现优秀的染色体保留在子代中，保证遗传方向的正确性，有利于得到全局近似最优解。

算法基本步骤如下：

**步骤 1：**种群初始化。根据种群初始化方法，随机生成 $M$ 条染色体，组成父代种群 $P$，并设定初始遗传代数为 $t=1$，最大遗传代数为 $T$。

**步骤 2：**计算系统效用值。采用系统效用函数对父代各染色体的效用值进行计算。

**步骤3**：生成子代种群。计算目标函数的效用值，并对初始化种群中的染色体进行排序；然后采用选择、交叉、变异操作得到第一代子代种群 $Q$；采用锦标赛方法进行染色体选择；交叉和变异操作是进行算法设计的难点，交叉和变异会产生新的基因进而组成新的染色体。

交叉操作时，由于每条染色体由 5×14 个基因组成，采用单点交叉算法生成的新染色体只会有其中 1 组基因组发生变化，其余基因组得不到进化，因此本章采用分组多点交叉算法。即将染色体的所有基因分为 5 组，每组分别进行单点交叉，交叉操作后的 5 个基因组通过筛选处理，形成在各自带宽限制范围且和为总带宽的 5 个数，形成新的染色体。

变异操作时，同样先将染色体分为 5 个基因组，分别按照变异率进行基因组变异，变异操作后的 5 个基因组通过筛选处理，形成在各自带宽限制范围且和为总带宽的 5 个数，形成新的染色体。

**步骤4**：合并种群。将父代和子代种群合并起来，生成新种群 $R$，规模为 $2M$。

**步骤5**：计算系统效用值。采用系统效用函数对子代各染色体的效用值进行计算。

**步骤6**：染色体效用排序。将所有染色体根据染色体的效用值进行排序，根据染色体效用排序进行染色体优选有利于提升进化的质量。

**步骤7**：染色体拥挤度计算。染色体拥挤度是位于该染色体前后两个染色体的效用值的差之和，位于两端的染色体拥挤度为 $+\infty$；然后对染色体的拥挤度进行排序；使用染色体拥挤度进行染色体选择，有利于保持染色体进化的多样性，避免陷入局部最优。

**步骤8**：精英选择。根据染色体效用排序和拥挤度排序结果从种群 $R$ 中优选 $M$ 条染色体，更新父代种群 $P$。

**步骤9**：判断结束条件。判断是否到达最大遗传代数，满足则停止遗传，输出近似最优解；否则，进行步骤3。

## 7.3 铁路基础设施及运行环境状态监测 WSN 带宽优化仿真及评估

本节主要是利用采集的铁路数据对带宽分配实验进行仿真，分别探讨在带宽需求确定情况下及不确定情况下带宽资源分配策略。实验结果证明，本章所提出的基于非对称 Nash 博弈论的带宽分配模型对提升铁路稳定可靠传输及系统带宽资源利用的高效性有很好的帮助。

## 7.3.1　铁路状态监测 WSN 带宽分配仿真参数设置

受地形地貌、地质特征及极端气候等的综合影响，铁路沿线主要地质灾害可分为 5 类，本章将对每类环境要素信息的带宽需求、数据特征、通信需求等进行标定，并用来计算式（7-1）~式（7-8）中涉及的所有参数，用于式（7-9）中模型的构建。其中带宽需求用于建立各要素的效用函数 $u(b_i)$ 和表示数据特征的优先级特征系数 $\gamma_i$，灾害等级及重要度用于计算数据通信的优先级特征系数 $\Gamma_i$，其余模型或者参数均基于该中间量进行构建和求解。

**1. 风**

铁路沿线海拔高、地势起伏大，强风易引发列车运行不稳，甚至引发列车倾覆的严重后果。依据铁路总公司的相关管理规定，当风速>30m/s 时，列车严禁进入风区。此外，铁路沿线必须实时采集风力状态，包括风速、风向等。

**2. 雨**

铁路沿线受降雨影响较大，易形成高位危岩落石、崩塌、滑坡、错位等次生灾害。另外，铁路沿线降雨存在分布范围广、数量多、易发性高、危害大等特点，是铁路的主要灾害之一。依据铁路总公司的相关管理规定，当降水量≥60mm/h 时，站台附近列车车速不得超过 120km/h。此外，铁路沿线降雨状态采用降雨量表示。

**3. 雪**

铁路沿线在秋冬季节和春季融雪季节，由于重力作用易发生山坡积雪滑落灾害，造成线路掩埋、撞击设施及车辆等危害。同时，铁路海拔均在 3000m 以上，低温情况下水易冻结冰，对路基或桥涵产生阻塞及胀裂破坏。铁路沿线多采用雪深表征降雪状态。此外，风、雨、雪三类气象要素的防灾等级分为五级（见表 7-2）。

**表 7-2　风、雨、雪防灾等级**

| 防灾等级 | 通信需求 | 重要度 |
| --- | --- | --- |
| 一级 | 极低（0.1） | 极低（0.1） |
| 二级 | 低（0.3） | 低（0.3） |
| 三级 | 中（0.5） | 中（0.5） |
| 四级 | 高（0.7） | 高（0.7） |
| 五级 | 极高（0.9） | 极高（0.9） |

**4. 地震**

铁路沿线地处新构造运动异常强烈的地质环境中，在地震及人类活动的影响下，极有可能失稳，诱发大规模的滑坡和崩塌。此外，铁路沿线一般采用地震仪对地震信息进行采集，且地震防灾等级分为四级（见表7-3）。

表 7-3 地震防灾等级

| 防灾等级（动峰加速度/GAL） | 通信需求 | 重要度 |
| --- | --- | --- |
| 一级（<40） | 极低（0.1） | 极低（0.1） |
| 二级（40~80） | 高（0.7） | 高（0.7） |
| 三级（80~120） | 极高（0.9） | 极高（0.9） |
| 四级（120以上） | 特高（1） | 特高（1） |

**5. 异物侵限**

铁路沿线由于地质原因，易发生落石等情况，当列车行驶速度达到350km/h以上时，铁路异物将对行程安全造成重大安全隐患。目前，基于视频的异物监测技术多用于高速铁路落石等异物的实时监测，且异物侵限分为无异物和有异物两级（见表7-4）。

表 7-4 异物侵限防灾等级

| 防灾等级 | 通信需求 | 重要度 |
| --- | --- | --- |
| 一级（无异物） | 低（0.1） | 低（0.1） |
| 二级（有异物） | 极高（0.9） | 极高（0.9） |

## 7.3.2 安全性导向的带宽资源分配优化策略

为考察铁路防灾监测通信系统的带宽资源优化配置情况，基于以上描述及假设，分别探讨带宽需求确定情况下及不确定情况下带宽资源分配策略，并进一步讨论铁路防灾监测通信系统的安全性和经济性。

如表7-5所示，该场景描述的是在固定的监测区域内，受季节、昼夜及突发情况等外界因素变化的影响，监测对象的等级、对铁路安全运行影响的重要程度及其通信需求发生变化，而系统的通信总带宽资源保持不变。换言之，该场景主要体现固定带宽资源条件下，信息回传通信系统根据外界环境要素的变化，迅速调整分配策略，保证关键信息的优先可靠传输，以保证系统的安全性。

图7-4和图7-5主要对带宽资源分配的均衡解进行分析，本章设计的基于非对称Nash博弈论的带宽资源分配模型，带宽资源分配随着各环境要素的特征动态变化，而基于对称Nash博弈论的带宽资源模型，各业务带宽资源分配保持不变，充分体现了本章设计算法中各方博弈能力在纳什均衡求解过程中发挥的作

用。从各业务带宽分配的博弈过程可以看出，每个要素根据自身数据传输的相对重要程度进行带宽资源竞争，在自身基本效用得到保障的前提下，最大限度地满足收益能力最高的要素。从分配结果来看，其中任何一个要素带宽资源配额的变化，都会导致系统整体效用的降低。该结果很好地体现纳什均衡的理念，即任何一方不会在其他要素带宽配额改变之前改变自身的带宽配额，因为这样会降低系统的整体效用。

表7-5 各要素防灾等级变化情景下系统总带宽变化统计表

| 序号 | 风 | 雨 | 雪 | 地震 | 异物 | 带宽/(kbit/s) |
| --- | --- | --- | --- | --- | --- | --- |
| 0 | 0.1 | 0.5 | 0.1 | 0.7 | 0.9 | 4000 |
| 1 | 0.3 | 0.3 | 0.5 | 0.1 | 0.1 | 4000 |
| 2 | 0.3 | 0.3 | 0.5 | 0.9 | 0.1 | 4000 |
| 3 | 0.5 | 0.1 | 0.7 | 0.1 | 0.9 | 4000 |
| 4 | 0.7 | 0.7 | 0.1 | 0.7 | 0.1 | 4000 |
| 5 | 0.9 | 0.9 | 0.3 | 1 | 0.9 | 4000 |

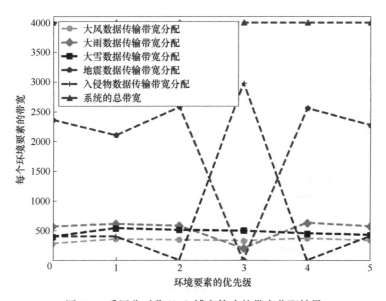

图7-4 采用非对称 Nash 博弈策略的带宽分配结果

从图7-6和图7-7可以看出，本章设计的基于非对称 Nash 博弈论的带宽资源分配模型，系统和各业务的带宽效用随着各环境要素的特征动态变化；而基于对称 Nash 博弈论的带宽资源模型，系统级各业务带宽资源分配效用保持不变。

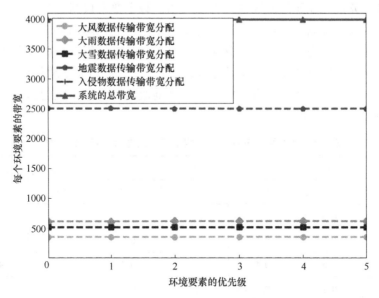

图 7-5　采用对称 Nash 博弈策略的带宽分配结果

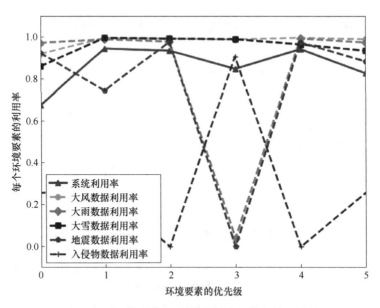

图 7-6　采用非对称 Nash 博弈策略的带宽效用结果

从仿真的结果发现，本章提出的基于非对称 Nash 博弈论的带宽分配模型对提升铁路防灾监测通信系统关键业务信息传输能力有至关重要的作用，对系统设计和管理有很重要的指导意义：

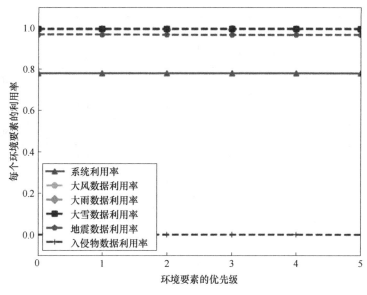

图 7-7　采用对称 Nash 博弈策略的带宽效用结果

1）机理研究方面：需要对环境要素与列车运行安全态势的相互作用关系进行周密测算和研究，确定不同环境要素等级对列车运行安全态势的影响程度。

2）系统设计方面：需要对各环境要素的带宽需求进行精准测定，标定各要素对通信资源的需求程度。

3）管理方面：结合统计分析的铁路环境历史数据和实时运行数据，对带宽资源进行合理的动态配置，从而确保关键信息的稳定可靠传输，提升铁路运行的安全性。

### 7.3.3　经济性导向的带宽资源分配优化策略

如表 7-6 所示，该场景描述的是在固定的环境要素作用下，受通信系统变化的影响，系统可以提供的总带宽资源发生变化，如何合理地分配带宽资源，保持关键信息的稳定可靠传输及系统带宽资源利用的高效性，进而确保系统运行的经济性。

表 7-6　各要素防灾等级不变情景下系统总带宽变化统计表

| 风 | 雨 | 雪 | 地震 | 异物 | 带宽/(kbit/s) |
|---|---|---|---|---|---|
| 0.2 | 0.2 | 0.2 | 0.2 | 0.2 | 2000 |
| 0.2 | 0.2 | 0.2 | 0.2 | 0.2 | 2500 |
| 0.2 | 0.2 | 0.2 | 0.2 | 0.2 | 3000 |

（续）

| 风 | 雨 | 雪 | 地震 | 异物 | 带宽/（kbit/s） |
|------|------|------|------|------|------|
| 0.2 | 0.2 | 0.2 | 0.2 | 0.2 | 3500 |
| 0.2 | 0.2 | 0.2 | 0.2 | 0.2 | 4000 |
| 0.2 | 0.2 | 0.2 | 0.2 | 0.2 | 4500 |
| 0.2 | 0.2 | 0.2 | 0.2 | 0.2 | 5000 |
| 0.2 | 0.2 | 0.2 | 0.2 | 0.2 | 5500 |
| 0.2 | 0.2 | 0.2 | 0.2 | 0.2 | 6000 |
| 0.2 | 0.2 | 0.2 | 0.2 | 0.2 | 6500 |
| 0.2 | 0.2 | 0.2 | 0.2 | 0.2 | 7000 |
| 0.2 | 0.2 | 0.2 | 0.2 | 0.2 | 7500 |
| 0.2 | 0.2 | 0.2 | 0.2 | 0.2 | 8000 |

从图 7-8 和图 7-9 可以看出，本章设计的基于非对称 Nash 博弈论的带宽资源分配模型和基于对称 Nash 博弈论的带宽资源模型在进行风、雨、雪带宽资源分配时，基本保持一致。而在进行地震和异物侵限分配时，在总带宽较小时，优先地震业务进行带宽分配；而当总带宽资源较大时，地震要素分配到的带宽资源接近最大带宽需求，多余的带宽资源分配对系统效用提升不明显，所以将多余的带宽资源分配尽量分配给异物侵限以提升系统效用值。

从图 7-10 和图 7-11 可以看出，本章设计的基于非对称 Nash 博弈论的带宽资源分配模型与基于对称 Nash 博弈论的带宽资源模型相比，系统的带宽使用总体效用更优，保障了关键信息的稳定可靠传输的同时，提升了有限带宽资源的使用效率。

从仿真验证的结果发现，本章提出的基于非对称 Nash 博弈论的带宽分配模型对提升关键业务信息传输能力有至关重要的作用，对系统设计和管理有很重要的指导意义。

系统设计和管理方面：基于不同环境要素的带宽需求，配置相应的系统总带宽资源，在保证系统安全性的同时，提升系统建设的经济性。

## 7.3.4 遗传算法的收敛性分析

为了验证本章提出的带约束的基于精英保留策略的遗传算法在求解信息不确定下铁路防灾监测系统带宽资源优化配置过程中的有效性和适用性，对该遗传算法的收敛性进行验证。

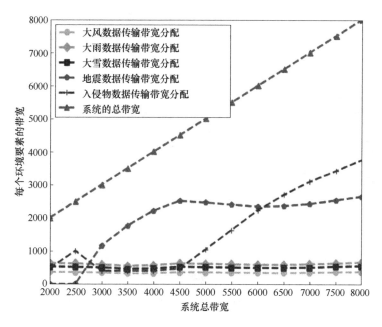

图 7-8　采用非对称 Nash 博弈策略的带宽分配结果

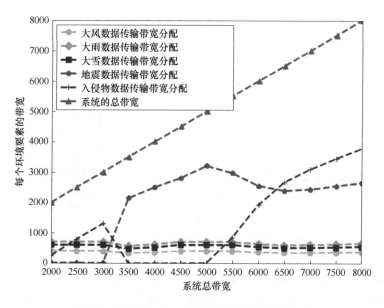

图 7-9　采用对称 Nash 博弈策略的带宽分配结果

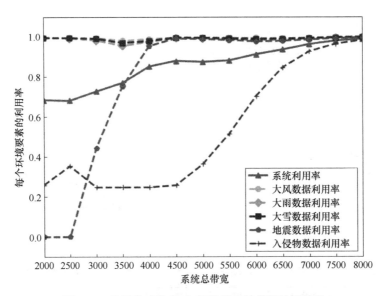

图 7-10　采用非对称 Nash 博弈策略的带宽效用结果

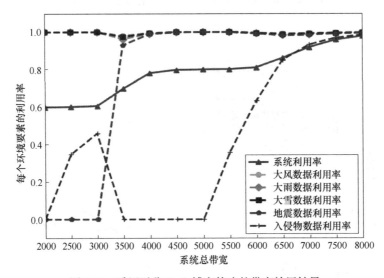

图 7-11　采用对称 Nash 博弈策略的带宽效用结果

　　如图 7-12 所示，系统在遗传算法迭代 59 次后得到收敛，获得近似最优解。说明该遗传算法在近似最优纳什均衡解的结果和求解速度方面的表现都很突出，可以满足有效性和实际应用中的适用性。

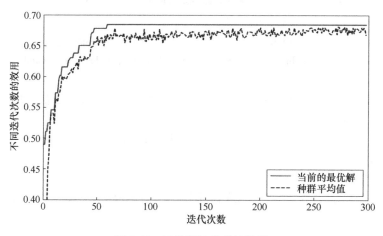

图 7-12　遗传算法收敛性结果

## 7.4　本章小结

为了保证铁路系统的安全运行及乘客的出行体验，应保证铁路无线监测系统数据传输的实时性和稳定性。然而实际应用中，铁路无线感知系统通信网的带宽有限而且是动态变化的，不可能为每类传输业务都同时提供充足的带宽资源。本章以铁路为例，考虑到环境要素信息的不确定性，本章提出了基于非对称 Nash 博弈论和 CEGA 算法的铁路防灾监测通信系统的带宽资源分配优化策略。并且，本章进一步探讨了带宽需求确定和不确定两种情景模式下该防灾监测通信系统带宽资源分配策略的差异性、铁路监测通信系统的安全性和经济性。

## 参 考 文 献

[1]　虞凯，刘孜学，韦道准. 川藏铁路基础设施实时监测预警系统架构及功能研究 [J]. 高速铁路技术，2015，6（2）：41-44.

[2]　李征. 物联网带宽优化分配与智能物流监管系统研究 [D]. 天津：天津大学，2012.

[3]　李征，刘开华. 物联网动态带宽资源分配算法及其应用 [J]. 计算机工程，2012，38（17）：16-19.

[4]　文楗奕，唐伦，陈前斌. 物联网传感器网络中次级用户在不完美信道下的带宽和功率分配 [J]. 计算机应用，2018，38（8）：2330-2336.

[5]　HE R，BO A，WANG G，et al. High-speed railway communications：from GSM-R to LTE-R [J]. IEEE Vehicular Technology Magazine，2016，11（3）：49-58.

[6]　NIYATO D，HOSSAIN E. A noncooperative game-theoretic framework for radio resource man-

agement in 4G heterogeneous wireless access networks ［J］. IEEE Transactions on Mobile Computing，2008，7（3）：332-345.

［7］ YIN T，DONG，H，JIA L. A bandwidth allocation strategy for train-to-ground communication networks ［C］. IEEE International Symposium on Personal，Indoor，and Mobile Radio Communication，2014：1432-1436.

［8］ 苏驷希，张惠民. 多商品流问题在通信网带宽分配中的应用 ［J］. 通信学报，1998，19（6）：50-54.

［9］ 边霞，米良. 遗传算法理论及其应用研究进展 ［J］. 计算机应用研究，2010，7（6）：2425-2429，2434.

［10］ 马永杰，云文霞. 遗传算法研究进展 ［J］. 计算机应用研究，2012，29（4）：1201-1206.

［11］ 刘健，李京航，柏小丽. 基于精英保留策略遗传算法的配电网无功优化 ［J］. 电气技术，2015（4）：35-38.

# 第8章 总结与展望

本章对全书的主要工作进行了总结，并对基于 WSN 的铁路基础设施及运行环境状态监测系统及专用通信传输网络的未来发展进行了展望。

## 8.1 主要工作总结

本书的主要工作如下：

1) 针对铁路基础设施及运行环境监测系统提高应急响应速度、保障行车安全、提升服务能力和系统弹性等发展需求，面向系统现场层数据量爆发式增加的发展趋势，提出基于边云协同机制可重构系统架构，具备全局资源需求小、边缘感知-计算-决策能力均衡、对传输网络承载能力要求低、逻辑结构可重构、局部事件响应快和系统高弹性等特征，可保障事件驱动的预警决策精准性和时效性，为各铁路基础设施及运行环境监测系统数据联通与升级改造提供指导。通过构建系统功能、逻辑与物理架构，对接铁路领域安全化、智能化发展需求，为铁路在新技术条件下发展状态监测技术体系提供了新架构和发展路径。

2) 基于铁路系统中基础设施和运行环境的分布状态及其无线监测及传输网络节点的布设状态，建立了基于分层监测和传输系统网络架构及其数据通信路由协议。全局的角度看，监测传输网络是沿着轨道由基站及其基站间布设的通信节点组成的线性（带状）通信网络（通信骨干网）；局部的角度看，整个带状监测区域可以分为多个监测子网，每个子网内密集地布设很多传感器进行信息的采集（通信子网）。布设在铁路监测现场的传感器首先将感知到的数据在子网内部采用分簇通信方式传输到对应的汇聚节点，然后再由汇聚节点组成的骨干网通过多跳传输的方式将信息转发到基站，最后通过基站转发到远程数据中心。

3) 研究了铁路状态监测系统子网内基于分簇通信方式的路由协议能量优化模型，通过分析子网内传感器节点及汇聚节点的分布，给出了子网通信网络层次架构和节点功能，并根据无线传感器节点的能耗模型，对基于分簇通信的路由传输协议进行能量管理优化；结合实际需求，本书提出基于 K-means++ 的算法对节点分簇进行初始化，并提出了多目标优化模型对簇头的轮值及分簇的更新进行优化，并采用基于启发式算法 NSGA-Ⅱ的算法对优化模型进行求解，得到能耗最优化的分簇通信路由协议，极大地提升了子网的生命周期及增加了用于故障诊断和预测的监测数据量。

4）研究了铁路状态监测系统骨干网内基于多跳通信方式的路由协议能量和时延优化模型，通过分析骨干网中汇聚节点的分布状态，给出了子网通信层次结构；并根据传输的数据类型及其对骨干网的生命周期及传输时延的要求，建立多目标综合性能优化模型。根据系统中各传输数据类型的特征自适应地调整优化目标函数模型，从而满足不同业务的需求，最大限度地提升系统的综合效能。

5）研究了铁路状态监测系统子网内基于数据融合的能量优化模型，通过分析子网内各簇头数据处理和传输能耗的不同，提出了动态数据融合的能量优化模型，对各簇头处数据融合率进行动态优化，从而最小化子网内各节点的整体能耗；并采用基于启发式算法 PSO-GA 对该动态优化模型进行求解，得到最优的数据融合率，从而最大程度地提升系统生命周期。

6）考虑到风、雨、雪、地震、入侵等不同通信需求，提出了铁路环境监测系统的有效时延优化模型。进一步设计了基于边云协同的有效时延最小化模型，采用分级排队策略降低系统时延。根据利用价值系数对任务进行分级，研究最优的任务卸载、计算资源分配和任务排队顺序优化策略，以提高效率。仿真结果表明，本章提出的时延优化方案对于具有较高价值系数的任务可以获得较低的延迟。而且，采用任务分级策略可以获得比不分级策略更小的有效延迟。最后证明所提方案的时延，对于任务量、边缘计算资源、云计算资源、回程链路容量变化的敏感性低于其他五种方案，能够很好地满足恶劣气象环境下的轨道监测系统需求。

7）考虑到环境要素信息的不确定性，提出了基于非对称 Nash 博弈论和 CEGA 算法的铁路状态监测通信系统的带宽资源分配优化策略。并且进一步探讨了带宽需求确定和不确定两种情景模式下该监测通信系统带宽资源分配策略的差异性、铁路监测通信系统的安全性和经济性。

## 8.2 创新性工作总结

本书的主要创新性工作如下：

1）构建了基于边云协同机制的铁路状态监测系统新架构。增加边缘侧计算、决策能力，实现事件属性驱动的预警决策，提高事件预警决策精准性和局部事件应急响应速度，减少全局资源浪费；通过边云、边边协同，实现整体逻辑结构可重构，边与云、相邻边均互为冗余，大幅提升系统弹性。为铁路防灾监测系统在新技术条件下升级改造，发展面向灾害防护的铁路运行安全保障技术体系提供了新架构和发展路径。

2）构建了铁路状态监测系统双层网络结构。基于铁路基础设施和运行环境的布设状态，结合通信单元的分布，建立子网-骨干网双层通信模型，并分别采用分簇和多跳的通信方式进行信息传输，实现监测信息的分层处理和传输，减少了冗余数据的传输及相应的能量和带宽资源消耗，提升了系统整体的效能。

3）提出了基于K-means++的算法对分簇及簇头进行初始化方法，保证了距离相近的节点被分配到同一个簇内，并选择簇内距离各节点中心最近的节点作为簇头，可以有效减少簇成员节点与簇头进行通信的能耗。与传统基于随机方法进行种群初始化的算法相比，该初始化的结果接近于分簇优化的全局最优结果，可以大大提升基于NSGA-Ⅱ算法进行优化的速度。

4）提出了基于簇头候选概率、簇头剩余能量及簇头预测消耗能量为指标的簇头选择和轮值优化模型，确保最合适的节点当选簇头，保证了各节点能耗的均衡性；同时，基于簇头节点能耗均衡化及簇成员节点能耗最小化的多目标优化模型进行分簇的更新，确保子网系统一直以能耗最优化的路由协议进行信息通信，有效提升了系统的生命周期。

5）本书首次提出了铁路状态监测系统骨干传输网生命周期和传输实时性综合优化模型。通过对铁路无线监测系统监测对象、监测手段、数据类型及数据传输生命周期及实时性需求进行综合定义，并根据不同传输数据的特征动态地对综合优化模型进行调整，切实保证系统不同业务的信息按需得到连续、高效的传输。

6）本书针对不同监测数据在子网簇头处处理和传输能耗的不同提出了数据融合率最优化模型并进行求解。考虑了各簇头节点处理和转发的数据类型不同，采用的数据融合算法及能耗的不同，建立簇头节点数据处理能耗模型；根据簇头节点到汇聚节点距离及传输数据量的不同，建立簇头节点数据传输能耗模型；通过引入数据融合率算子，建立了能耗最小化优化模型，以使铁路无线监测子网内各簇头节点的生命周期最大化。本书提出的数据融合率动态优化模型，可以根据簇头节点及分簇形成的动态优化过程，自适应地更新各簇头节点的数据融合率，确保各簇头节点一直保持在能耗最小的工作模式下。

7）本书基于铁路无线通信系统带宽不足的情况，结合非对称纳什合作博弈论和粒子群算法对系统的带宽资源进行动态分配。基于各业务的带宽需求建立各业务带宽效用函数；基于各业务传输数据带宽满意度、传输业务重要度和实时性要求建立非对称带宽分配竞争系数；基于纳什博弈理论建立非对称合作系统效用优化模型；优化结果可以保证铁路无线监测系统内参与带宽分配的各业务信息的实时可靠传输。该创新点可以保证在系统整体带宽受限的情况下，根据各业务对带宽的实时需求，动态地为当前迫切需要进行数据传输的业务实时分配带宽，保证各业务可以在最需要数据通信的时候分配到最大的带宽。

## 8.3 未来展望

铁路状态监测系统是无线传感器网络一个新的非常重要的应用领域，由于铁路系统监测范围广、监测环境恶劣、监测对象多样、监测数据类型复杂等，而且传感器本身的能量存储、数据处理及传输带宽等资源明显不足，本书虽然在铁路无线监测系统的资源利用优化方面做了相关工作，取得了一定的研究成果，但是距离该技术在铁路系统中的大规模、高可靠的应用还有一定距离，还有很多技术难题需要解决，具体表现在以下五个方面：

1）基于无线监测的铁路系统综合信息获取技术。本书研究的主要是针对铁路基础设施及其运行自然环境等数据的监测和传输，而且都是基于局部信息的采集。然而，铁路系统是一个复杂庞大的系统和网络，单一局部的信息对于评估系统的整体性能、预测系统整体的安全态势远远不够，下一步需要构建基于空天车地一体化的复杂监测和传输网络，实现对铁路运行系统"全方位""大范围""立体化"的综合监测，采用多源信息融合的综合评价方法，提升铁路运行状态诊断和预测的准确性。

2）基于 QoS 的铁路无线监测系统路由协议优化。本书的研究主要是针对铁路无线监测系统能量和带宽资源不足的情况下，在子网内部和骨干网传输过程中能量利用和带宽资源利用的动态配置和优化，下一步需要对路由协议整体的服务质量进行综合优化，包括传输时延、丢包率、吞吐量、生命周期等，不仅保证系统监测和传输时间长，更要提高监测和传输的效率。

3）基于铁路无线监测系统优化路由协议的实例验证。本书主要针对监测子网和传输骨干网的能耗及带宽资源动态配给进行优化，优化的结果主要是根据实验室相关数据及其他仿真数据进行验证。为了适应现场应用的需要，下一步在此基础上通过采集现场实际的监测数据，利用本书优化的路由协议进行带宽分配和信息传输，进一步验证本书提出的能量优化和带宽资源分配优化模型的有效性。

4）多源数据融合和挖掘算法的研究。本书主要针对铁路无线监测系统监测数据传输路由协议的优化过程，然而，对于铁路系统运行安全性而言，对监测数据的处理及根据监测数据对铁路系统运行状态的诊断及运行态势的评估更为重要。下一步，根据针对同一对象不同传感器感知和传输的信息及针对不同对象感知和传输的信息，采用多源数据融合和数据挖掘算法，对铁路系统从整体上进行诊断和预测，提升诊断的准确性和预测的前瞻性。

5）多目标优化算法的研究。本书在进行能量及带宽资源利用优化的过程中，都建立了不同的多目标优化模型进行计算求解，而且都采用的是基于启发式算法（遗传算法，粒子群算法等），该算法很难得到确切的最优解，而且优化的过程及结果对适应度函数及优化次数的选择依赖性都很大。下一步，首先研究优化模型的建立及其简化方法，研究各优化指标间的内在关系，尽量将优化目标函数简化到统一的评价指标下；其次将重点研究多目标优化算法，充分利用系统工作过程中历史数据，综合机器学习的方法，简化多目标优化的过程，以最小的代价最快的速度得到全局最优解。